AF879375

MIX
Papier aus verantwortungsvollen Quellen
Paper from responsible sources
FSC® C105338

Haftungsausschluss:

Die Ratschläge im Buch sind sorgfältig erwogen und geprüft. Alle Angaben in diesem Buch erfolgen ohne jegliche Gewährleistung oder Garantie seitens der Autoren und des Verlags. Die Umsetzung erfolgt ausdrücklich auf eigenes Risiko. Eine Haftung der Autoren bzw. des Verlags und seiner Beauftragten für Personen-, Sach- und Vermögensschäden oder sonstige Schäden, die durch die Nutzung oder Nichtnutzung der Informationen bzw. durch die Nutzung fehlerhafter und/ oder unvollständiger Informationen verursacht wurden, ist ausgeschlossen. Verlag und Autoren übernehmen keine Haftung für die Aktualität, Richtigkeit und Vollständigkeit der Inhalte und ebenso nicht für Druckfehler. Es kann keine juristische Verantwortung und keine Haftung in irgendeiner Form für fehlerhafte Angaben und daraus entstehende Folgen vom Verlag bzw. Autoren übernommen werden.

Sollte diese Publikation Links auf Webseiten Dritter enthalten, so übernehmen wir für deren Inhalte keine Haftung, da wir uns diese nicht zu eigen machen, sondern lediglich auf deren Stand zum Zeitpunkt der Erstveröffentlichung verweisen.

Bibliografische Informationen der Deutschen Nationalbibliothek

Die Deutsche Nationalbibliothek verzeichnet diese Publikation in der Deutschen Nationalbibliografie; detaillierte bibliografische Daten sind im Internet über http:// dnb.dnb.de abrufbar.

1. Auflage 2026

Redaktion: Malin Merkle
Creative Strategy: Johanna Pfitzer
Lektorat und Korrektorat: Antje Nevermann, Vera Bantelmann
Umschlaggestaltung: Verena Klöpper
Satz und Layout: Verena Klöpper
Abbildungen im Innenteil: © Beatrice Haan, siehe Abbildungsverzeichnis

ISBN Print: 979-8-89474-119-2
ISBN E-Book: 979-8-89474-120-8

www.remote-verlag.de
info@remote-verlag.de

BEATRICE HAAN UND PETER BEECK

FINANZEN IM GRIFF!

Wie Sie Ihr Vermögen gezielt sichern und langfristig unabhängig bleiben

Remote Verlag

www.remote-verlag.de

INHALTSVERZEICHNIS

Die Autoren richten ihre Formulierungen an Menschen aller Geschlechter. Das generische Maskulinum wird ausschließlich aus Gründen der Lesbarkeit verwendet.

Einleitung: Vertrauen, Transparenz und die Suche nach echter Sicherheit

Vielleicht haben Sie sich schon einmal gefragt, ob Ihr Geld wirklich so produktiv ist, wie es sein könnte. Die Zahlen auf dem Konto stimmen, die Immobilie ist abbezahlt, im Depot liegen Fonds oder ETFs. Und doch bleibt dieses leise Gefühl, dass etwas nicht stimmt; dass die gewohnten Antworten nicht mehr ausreichen.

Viele, mit denen wir sprechen, sagen etwa:
»Ich habe mein Geld breit gestreut.«
»Ich verlasse mich auf Fonds, die laufen schon.« Oder auch:
»Ich bleibe lieber vorsichtig – da kann man so viel falsch machen.«

Das klingt vernünftig. Und doch spüren viele hinter dieser Haltung eine leise Unsicherheit – geformt durch Erfahrungen, die zeigen, wie schnell sich Gewissheiten verändern können. Die Welt dreht sich weiter, vertraute Strukturen geraten in Bewegung, und was früher verlässlich war, wirkt heute fragiler denn je.

Inflation frisst Kaufkraft. Immobilien sind weniger liquide, als viele geglaubt haben. Banken stehen unter Druck und politische Eingriffe in Vermögen werden längst offen diskutiert. Themen wie Vermögensregister, Lastenausgleich oder Kapitalverkehrskontrollen sind keine Randnotizen mehr, sondern Teil der gesellschaftlichen Debatte in Europa.

Wer etwas zu verlieren hat, spürt das besonders. Denn klassische Anlageformen geben immer weniger Antworten. Das Sparbuch ist längst entwertet. Aktien sind Bestandteil desselben Finanzsystems, das in Krisen unter Druck gerät. Ihr Wert verändert sich mit denselben Liquiditätsströmen, Zinssignalen und Marktbewegungen, die das gesamte System beeinflussen. Eine Anlageform, die in diese Mechanik eingebunden ist, kann deren grundlegende Risiken nicht aufheben. Und viele Vorsorgemodelle wirken wie ein Versprechen von gestern.

Es ist kein Zeichen von Schwäche, sich das einzugestehen. Es ist ein Zeichen von Verantwortung. Genau hier setzt dieses Buch an.

Dieses Buch basiert auf Beobachtungen, die wir über viele Jahre hinweg gemacht haben. Immer wieder trafen wir auf Menschen, die ihr Vermögen diszipliniert aufgebaut hatten und trotzdem das Gefühl nicht loswurden, in einem System festzustecken, das ihnen keine echte Sicherheit mehr bietet.

In Gesprächen hörten wir häufig dieselbe Aussage:
»Ich weiß, dass ich etwas ändern müsste, aber ich traue keiner Entscheidung wirklich.«

Wir haben aus unterschiedlichen Perspektiven erlebt, wie schwer es geworden ist, zwischen belastbaren Strukturen und gut klingenden Versprechen zu unterscheiden; wie sehr Anleger darauf angewiesen sind, Informationen zu bekommen, die nicht beschönigen und gleichzeitig nicht verunsichern.

Unser gemeinsames Motiv ist deshalb einfach: Wir möchten Klarheit schaffen, indem wir Mechanismen, Strukturen und Entscheidungswege verständlich machen, die Vermögen langfristig stabilisieren können. Wir verstehen uns nicht als allwissende Ratgeber, sondern als Wegweiser. Wir zeigen, wo Chancen liegen, welche Fragen entscheidend sind und wie Sie Ihre eigenen Prioritäten in eine Vermögensstruktur übersetzen, die zu Ihnen passt. Die Entscheidung, welchen Weg Sie gehen, bleibt immer bei Ihnen. Aber wir können Türen zu Alternativen öffnen, die vielen bislang verborgen geblieben sind.

In diesem Buch nehmen wir Sie mit auf eine Reise, die an einem einfachen Punkt beginnt: Klarheit. Klarheit darüber, was Systemvertrauen bedeutet und wo seine Grenzen liegen. Wir beleuchten, warum Banken, Versicherungen oder Fonds nicht immer die Antworten liefern, die sie versprechen. Wir gehen der Psychologie des Geldes auf den Grund und zeigen, wie Emotionen oft mehr Einfluss auf Finanzentscheidungen haben als Zahlen. Wir erklären, was echte Diversifikation bedeutet, und warum es nicht reicht, alles auf Immobilien und ETFs zu setzen.

Darüber hinaus öffnen wir Türen zu Anlageformen, die vielen kaum bekannt sind, die aber echte Chancen bergen. Dazu gehören:

Agrarische Sachwerte wie Miscanthus und Paulownia, die reale Substanz mit wirtschaftlicher Nutzung verbinden.

Rohstoff- und Energiebeteiligungen wie Öl, die aus einer zentralen Industrie heraus Ertragschancen eröffnen.

Technologiemetalle und Edelmetalle, die als strategische Rohstoffe oder Wertspeicher eine Schlüsselrolle in Hightech und bei der Energiewende spielen.

Diamanten, die über eine hohe Wertdichte und internationale Handelbarkeit verfügen, also Eigenschaften, die sich insbesondere in Krisenzeiten bewähren.

Uns ist es wichtig, Ihnen nicht nur Chancen aufzuzeigen, sondern auch Orientierung zu geben, welche Kriterien wirklich zählen und wie Sie für sich entscheiden können, ob eine Anlage zu Ihren eigenen Vorstellungen und Werten passt. Wir versprechen Ihnen kein Geheimwissen, keine wundersamen Erträge, keine Garantie. Aber wir versprechen Ihnen: Wenn Sie dieses Buch gelesen haben, werden Sie klarer sehen. Sie werden wissen, welche Fragen wirklich wichtig sind. Und Sie werden Optionen erkennen, die Ihnen bislang vielleicht verborgen geblieben sind.

Denn finanzielle Freiheit beginnt nicht mit Reichtum. Sie beginnt mit Klarheit. Und mit dem Mut, neue Wege zu denken.

Dieses Buch entstand zwischen Oktober und Dezember 2025. Die zugrunde liegenden Daten, Quellen und Marktbeobachtungen entsprechen dem Stand Oktober 2025. Wirtschaftliche, politische und regulatorische Rahmenbedingungen entwickeln sich fortlaufend weiter. Die in diesem Buch beschriebenen Mechanismen, Zusammenhänge und Entscheidungsprinzipien behalten ihre Relevanz jedoch über kurzfristige Veränderungen hinaus.

Welcher Vermögenstyp steckt in Ihnen?

Während Sie dieses Buch lesen, begegnen Ihnen viele Gedanken zur Struktur, Stabilität und strategischen Aufstellung von Vermögen. Vielleicht fragen Sie sich an manchen Stellen, wie Ihre eigene Herangehensweise eigentlich geprägt ist.

Genau dafür haben wir einen kompakten Selbsttest entwickelt. Die Teilnahme ist anonym, es werden keine persönlichen Finanzdaten erfasst.

Der Test richtet den Blick auf Ihre typischen Denk- und Entscheidungsmuster im Umgang mit Vermögen. Er beleuchtet Ihre Prioritäten, Ihre Reaktionen auf Veränderungen und die Art, wie Sie zwischen Stabilität, Substanz, Chancen und Unabhängigkeit gewichten. So entsteht ein persönliches Profil Ihrer strategischen Grundhaltung.

Der Test besteht aus kurzen Entscheidungssituationen und dauert nur wenige Minuten. Er unterstützt Sie dabei, Ihre eigene Ausgangsperspektive klarer einzuordnen.

Nach dem Test können auf Wunsch zusätzliche Einordnungen, typische Denkweisen und mögliche Ansatzpunkte zur Weiterentwicklung des eigenen Profils abgerufen werden.

Wenn Sie neugierig sind, welches Muster Ihre Vermögensentscheidungen besonders prägt, finden Sie hier den Einstieg:

QR-Code scannen oder direkt aufrufen
mein-vermoegenstyp.de

Die Illusion der Sicherheit

Vermögende Anleger spüren längst, dass etwas nicht stimmt. Sie haben gesehen, wie Inflation Kaufkraft frisst, wie Banken in Schieflage geraten und wie politische Eingriffe ins private Vermögen immer offener diskutiert werden. Sicherheit im klassischen Sinne fühlt sich nicht mehr selbstverständlich an.

Und trotzdem bleibt ein großer Teil des Vermögens häufig in genau den Strukturen gebunden, die innerlich längst hinterfragt werden, sei es aus Gewohnheit, aus steuerlichen Überlegungen oder schlicht, weil Alternativen schwer zu durchschauen sind. Genau hier liegt ein blinder Fleck: die Diskrepanz zwischen dem, was man weiß, und dem, was man tut. Zwischen Analyse und Umsetzung. Die entscheidende Frage ist deshalb nicht: *Erkenne ich die Risiken?* Sondern: *Wie viel meines Vermögens habe ich immer noch dort, wo es im Ernstfall nicht mehr mir gehört?*

Finanzielle Repression: Die schleichende Enteignung

Wenn über Enteignung gesprochen wird, denken viele an extreme Szenarien: den offenen Zugriff auf Immobilien, die Zwangsabgabe von Gold oder staatlich beschlossene Sondersteuern. Doch die eigentliche Enteignung findet seit Jahren leise und unscheinbar statt – durch finanzielle Repression.

Der Begriff geht zurück auf die Ökonomen *Edward Shaw* und *Ronald McKinnon*, die in den 1970er-Jahren beschrieben, wie Regierungen Kapitalströme gezielt steuern, um ihre eigene Verschuldung zu finanzieren.[1] Gemeint ist ein Bündel von Maßnahmen, das stets das gleiche Ziel verfolgt: Staaten halten ihre Refinanzierungskosten niedrig, indem sie das Vermögen der Bürger auf subtile Weise abschöpfen. Was zunächst trocken klingt, hat spürbare Folgen, denn Sparer verlieren schleichend die Kaufkraft ihres Vermögens, Anleger werden durch Regulierung in bestimmte Anlageformen gedrängt und Kapitalflüsse werden zunehmend staatlich beeinflusst, häufig ohne dass es den Betroffenen bewusst ist.

Welche Werkzeuge Staaten zur Enteignung nutzen

Die Instrumente finanzieller Repression wirken selten isoliert. Ihre Wirkung entfaltet sich vor allem im Zusammenspiel mehrerer Maßnahmen, die über Jahre hinweg ein Umfeld schaffen, in dem Vermögen schleichend an realer Substanz verliert.

Ein zentrales Element sind dauerhaft niedrige Zinsen. Während Anfang der 1990er-Jahre klassische Spareinlagen in Deutschland noch Zinssätze von vier bis fünf Prozent erzielten und damit häufig zumindest die Inflation ausgleichen konnten, veränderte sich das Umfeld nach der Finanzkrise 2008 grundlegend. Die Europäische Zentralbank senkte ihre Leitzinsen schrittweise, bis sie 2014 bei null Prozent lagen und zeitweise sogar in den negativen Bereich fielen.[2] Banken mussten für überschüssige Liquidität, die sie bei der Zentralbank parkten, Strafzinsen bezahlen, was in vielen Fällen dazu führte, dass diese Belastung an Kunden weitergegeben wurde. Sparen verlor damit seine Funktion als Mittel zum realen Vermögenserhalt und wurde zunehmend zu einem Faktor schleichender Entwertung.

Parallel dazu gewann die Inflation erneut an Bedeutung. Besonders sichtbar wurde dies im Jahr 2022, als die Inflationsrate in Deutschland zeitweise zweistellige Werte erreichte.[3] Doch auch moderate Inflationsraten von zwei oder drei Prozent entfalten über längere Zeiträume eine erhebliche Wirkung. Über eine Dekade hinweg bedeutet das einen spürbaren Kaufkraftverlust, selbst wenn der nominale Geldbetrag unverändert bleibt. Inflation wirkt dabei nicht nur als wirtschaftliches Phänomen, sondern auch als finanzpolitisches Instrument: Sie reduziert real die Last bestehender Schulden und erleichtert Staaten die Refinanzierung. Für Vermögensinhaber hingegen bedeutet sie eine stille, aber kontinuierliche Erosion.

Hinzu kommen Maßnahmen, die in stabilen Zeiten kaum vorstellbar erscheinen, in Krisensituationen jedoch rasch Realität werden können: Kapitalverkehrskontrollen. Sie gehören zu den wirksamsten Instrumenten, um zu verhindern, dass größere Vermögensvolumina ein Land oder Währungsgebiet verlassen. Was im Alltag wie ein fernes Szenario wirkt, hat in Europa bereits mehrfach stattgefunden. Ein besonders prägnantes Beispiel ist Griechenland im Jahr 2015, als Bargeldabhebungen zeitweise auf 60 Euro pro Tag begrenzt wurden und Überweisungen ins Ausland starken Restriktionen unterlagen.[4]

Solche Eingriffe bewegen sich nicht außerhalb bestehender Rechtsrahmen. Auf europäischer Ebene wurden mit Mechanismen wie dem *Single Resolution Mechanism (SRM)* und der *Bank Recovery and Resolution Directive (BRRD)* Strukturen geschaffen, die im Krisenfall weitreichende Eingriffe in Bankbilanzen und Kapitalströme ermöglichen.[5] Dazu gehören unter anderem sogenannte *Bail-ins*, bei denen Gläubiger und Einleger an der Stabilisierung von Banken beteiligt werden können. Auch Beschränkungen des Kapitalverkehrs sind in Ausnahmesituationen rechtlich vorgesehen, um die Stabilität des Finanzsystems zu sichern. Für Anleger bedeutet das: Die freie Verfügbarkeit von Vermögen innerhalb des

Finanzsystems ist keine unverrückbare Konstante, sondern hängt von politischen und regulatorischen Rahmenbedingungen ab, die sich in Stressphasen deutlich verändern können.

Auch steuerliche Eingriffe und der Ausbau staatlicher Informationsgrundlagen über private Vermögen gehören in diesen Zusammenhang. Offiziell werden entsprechende Maßnahmen häufig als Modernisierung oder als Beitrag zur Geldwäschebekämpfung beschrieben. Gleichzeitig zeigt die von der Europäischen Kommission in Auftrag gegebene Machbarkeitsstudie zu einem europäischen Vermögensregister, dass Modelle zur systematischen Erfassung und Vernetzung von Vermögenswerten institutionell geprüft werden.[6] Was zunächst wie eine verwaltungstechnische Detailfrage wirkt, besitzt strukturelle Bedeutung: Je umfassender Vermögenswerte erfasst, kategorisiert und zugeordnet werden können, desto gezielter lassen sich im Krisenfall fiskalische Maßnahmen umsetzen, etwa in Form von Sonderabgaben oder einmaligen Vermögensbeiträgen.

Diese Entwicklung beschränkt sich nicht auf Studien und Prüfaufträge. Mit der *Richtlinie (EU) 2024/1260 über die Abschöpfung und Einziehung von Vermögenswerten*, die der Rat der Europäischen Union am 24. April 2024 verabschiedet hat, wurde ein unionsweit harmonisierter Rahmen geschaffen, um Vermögenswerte aufzuspüren, einzufrieren und einzuziehen.[7] Als offizieller Zweck wird die Bekämpfung schwerer Kriminalität angegeben. Gleichzeitig etabliert diese Richtlinie rechtliche und organisatorische Strukturen, die den Zugriff auf Vermögenswerte grenzüberschreitend erleichtern und vereinheitlichen. Damit entsteht ein Instrumentarium, das weitreichende Eingriffe in Vermögensbestände rechtlich strukturierbar macht.

Parallel dazu baut die Europäische Union mit der neuen *Anti-Money Laundering Authority (AMLA)* eine zentrale Aufsichtsbehörde mit Sitz in Frankfurt am Main auf.[8] Ihr Mandat liegt in der

Bekämpfung von Geldwäsche und Terrorismusfinanzierung. Faktisch führt die AMLA jedoch zu einer stärkeren Integration unterschiedlichster Vermögensformen in denselben aufsichtsrechtlichen Rahmen. Dazu zählen ausdrücklich auch Krypto-Assets und digitale Vermögenswerte, die bislang von vielen Anlegern als weniger stark regulierte Ausweichmöglichkeiten betrachtet wurden. Mit der Einbindung dieser Bereiche schließt sich eine weitere Lücke im europäischen Aufsichtsgefüge, wodurch Transparenz, Meldepflichten und Eingriffsmöglichkeiten über verschiedene Vermögensklassen hinweg vereinheitlicht werden.

Warum gerade Vermögende im Fokus politischer Maßnahmen stehen

Auf den ersten Blick könnte man annehmen, dass finanzielle Repression vor allem Kleinsparer betrifft. Tatsächlich stehen jedoch gerade größere Vermögen besonders im Fokus politischer und regulatorischer Maßnahmen. Vermögende Haushalte tragen überproportional zur Stabilisierung des Finanzsystems bei und geraten deshalb in Stressphasen schneller in den Blick von Politik und Regulierungsbehörden. Einlagen oberhalb der gesetzlichen Sicherungsgrenzen sind dafür ein Beispiel. In der Europäischen Union sind Bankguthaben bis 100.000 Euro pro Kunde und Bank durch die Einlagensicherung geschützt.[9] Beträge darüber hinaus gelten im Krisenfall als haftendes Kapital und können im Rahmen eines sogenannten Bail-ins zur Stabilisierung von Banken herangezogen werden. Dieser Mechanismus fand während der Finanzkrise in Zypern im Jahr 2013 praktische Anwendung, ein Fall, den wir im weiteren Verlauf dieses Kapitels näher betrachten. Für größere Einlagen bedeutet das, dass sie nicht nur Vermögenswert sind, sondern zugleich Teil der bilanziellen Pufferstruktur des Bankensystems.

Auch Immobilienvermögen steht unter einem besonderen Zugriffsdruck. Neben marktbedingten Wertschwankungen unterliegen Immobilien einer Vielzahl staatlicher Einflussmöglichkeiten. Dazu zählen laufende Abgaben wie die Grundsteuer ebenso wie regulatorische Eingriffe oder politische Diskussionen über Vermögensabgaben und besondere Belastungen von Grundbesitz in Krisenzeiten. Immobilien sind damit nicht nur stabile Sachwerte, sondern zugleich ein gut sichtbarer und leicht adressierbarer Teil privater Vermögen.

Kapitalmarktanlagen bieten in systemischen Krisen ebenfalls keine stabile Ausweichmöglichkeit. Politische Entscheidungen können direkten Einfluss auf ihre Verfügbarkeit nehmen, etwa durch Handelsaussetzungen[10], regulatorische Beschränkungen bestimmter Transaktionen oder zusätzliche Besteuerung von Finanzgeschäften.[11] Auch hier zeigt sich, dass Verfügbarkeit keine rein technische Frage ist, sondern von politischen Rahmenbedingungen abhängt.

In dieser Gesamtschau werden größere Vermögen zu einer Art stiller Stabilitätsreserve des Systems. Ihr Kapital wird implizit als Puffer eingeplant, lange bevor konkrete Maßnahmen erforderlich werden. Viele Anleger gehen dennoch davon aus, jederzeit frei über ihr Vermögen verfügen zu können. Bankguthaben, Wertpapierdepots oder Immobilien erscheinen als verlässliche Größen mit unmittelbarer Zugriffsmöglichkeit. Die Erfahrung vergangener Krisen zeigt jedoch, dass sich diese Verfügbarkeit in Ausnahmesituationen rasch relativieren kann. Dann verschiebt sich die Entscheidungsmacht vorübergehend vom individuellen Eigentümer hin zu staatlichen und regulatorischen Instanzen, die im Namen der Systemstabilität handeln.

Was Zypern 2013 über heutige Risiken lehrt

Im März 2013 erlebten zyprische Bankkunden, wie schnell ein beschriebener Kontrollverlust Realität werden kann. Nach Jahren einer überhitzten Immobilien- und Bankenwirtschaft geriet das Finanzsystem des Inselstaates in Schieflage. Die Regierung rief den europäischen Rettungsmechanismus an – und die Eurogruppe knüpfte ihre Hilfe an harte Bedingungen.

Die Banken blieben zunächst für mehrere Tage geschlossen. Während dieser Zeit hatten Kunden keinen Zugang zu ihren Konten. Nach der Wiedereröffnung durfte Bargeld nur noch in festgelegten täglichen Höchstbeträgen abgehoben werden.[12] Gleichzeitig wurden umfassende Kapitalverkehrsbeschränkungen eingeführt. Überweisungen ins Ausland waren nur noch mit behördlicher Genehmigung möglich und auch innerhalb Zyperns unterlagen größere Transaktionen strengen Beschränkungen. Unternehmen und Privatpersonen konnten Zahlungen nur noch eingeschränkt leisten, selbst für laufende Verpflichtungen.[13] Im Rahmen der anschließenden Bankenrestrukturierung wurden Einlagen oberhalb der gesetzlichen Sicherungsgrenze von 100.000 Euro zur Stabilisierung der betroffenen Banken herangezogen. Bei der größten Bank des Landes, der Bank of Cyprus, wurden große Teile dieser nicht gesicherten Guthaben zwangsweise in Bankaktien umgewandelt. Ein erheblicher Anteil des ursprünglichen Kontoguthabens war damit nicht mehr frei verfügbar. Der rechnerische Abschlag auf nicht gesicherte Einlagen lag in bestimmten Fällen bei bis zu 47,5 Prozent. Die Entscheidungen wurden innerhalb weniger Tage getroffen und umgesetzt. Für betroffene Einleger bestand in dieser Phase faktisch keine Möglichkeit, ihr Geld vorab abzuziehen oder sich den Maßnahmen zu entziehen.[14]

Damit markierte Zypern einen Tabubruch: Erstmals in der Eurozone wurden private Bankeinlagen direkt zur Bankenrettung herangezogen (Bail-in). Was bis dahin undenkbar erschien, war plötzlich Realität und gilt seither als Blaupause für den Umgang mit zukünftigen Bankenkrisen.[15]

Das Beispiel verdeutlicht, dass nicht allein die Zinshöhe oder die Inflationsrate über den Vermögenserhalt entscheiden. Das eigentliche Risiko liegt im plötzlichen Kontrollverlust. Wenn Kapitalverkehrskontrollen greifen oder Guthaben zwangsweise umgebucht werden, nützen auch noch so ausgefeilte Anlagestrategien wenig. Viele Anleger unterschätzen diese Dimension, weil sie entsprechende Eingriffe in ihrer eigenen Lebenswirklichkeit noch nicht erlebt haben. Gleichzeitig ist der rechtliche Rahmen für solche Maßnahmen heute klar definiert. Mit der *Bank Recovery and Resolution Directive (BRRD)* von 2014 wurde das Bail-in-Instrument unionsweit eingeführt und rechtlich verankert. Zypern war damit kein isoliertes Ereignis, sondern ein früher praktischer Anwendungsfall eines später europaweit normierten Abwicklungsmechanismus.

Zypern steht somit für eine besonders drastische Ausprägung staatlicher Eingriffe in ein akutes Krisenszenario. Solche Ereignisse wirken außergewöhnlich, fast historisch einmalig. Doch sie stehen nicht isoliert. Sie sind eingebettet in ein finanzpolitisches Umfeld, das sich seit der globalen Finanzkrise grundlegend verändert hat.

Viele, die die Entwicklung der letzten Jahre aufmerksam verfolgt haben, wissen: Die Niedrigzinsjahre nach 2008 waren eine historische Ausnahme, beispiellos in Dauer, Ausmaß und Wirkung. Über weite Teile des 20. Jahrhunderts lagen Realzinsen deutlich über null, in den 1970er-Jahren zeitweise sogar bei sechs bis sieben Prozent.[16] Erst mit der Finanzkrise 2008 begann eine Phase künstlich niedriger Zinsen und massiver Liquidität, die mehr als ein Jahrzehnt anhielt.[17] Mit der Zinswende seit 2022 endete diese Ausnahmesituation. Was wir heute erleben, ist keine neue Krise, sondern die Rückkehr zu einem alten Muster: Staaten stabilisieren ihre Haushalte, indem sie Inflation zulassen und die reale Kaufkraft privater Vermögen schleichend entwerten.

Wie globale Interessen Vermögenspolitik bestimmen

Dieses Prinzip schleichender Vermögensentwertung ist kein europäisches Einzelphänomen, sondern ein globales Muster. Auch die großen Wirtschaftsräume der Welt nutzen ähnliche Mechanismen, um ihre Haushalte zu stabilisieren und Wachstumszyklen zu steuern. In den USA hielt die US-Zentralbank *Federal Reserve (Fed)* nach 2008 über Jahre an einer Politik extrem niedriger Zinsen fest. Mit den Anleihekaufprogrammen – bekannt als *Quantitative Easing* (QE) – flossen Billionen US-Dollar in die Märkte.[18] Das Ziel war, die Wirtschaft zu stützen; die Folge waren eine historische Ausweitung der Geldmenge und ein massiver Anstieg der Vermögenspreise. In Japan läuft dieses Modell bereits seit den 1990er-Jahren. Eine Staatsverschuldung von über 250 Prozent des Bruttoinlandsprodukts wäre ohne Nullzinspolitik und fortgesetzte Staatsfinanzierung durch die eigene Notenbank nicht tragfähig.[19] So entsteht ein dauerhaft verzerrter Kapitalmarkt, in dem freie Preisbildung kaum noch stattfindet. China wiederum steuert Kapitalströme noch direkter: Der Staat kontrolliert die großen Banken, reguliert Devisenbewegungen und begrenzt die Möglichkeiten seiner Bürger, Geld außer Landes zu bringen.[20] Damit sichert die Regierung Liquidität und Kontrolle zugleich, allerdings zulasten privater Freiheit.

Gemeinsam ist all diesen Modellen, dass wirtschaftliche Stabilität zunehmend durch politische Steuerung ersetzt wird. Zentralbanken sind längst keine neutralen Institutionen mehr, sondern Werkzeuge staatlicher Finanzpolitik. Wer also glaubt, die eigene Anlageentscheidung sei rein marktwirtschaftlich, übersieht, dass Zinsen, Geldflüsse und Bewertungen weltweit politisch beeinflusst werden. Die Folge ist überall dieselbe: Vermögende Anleger stehen global vor einem identischen Dilemma. Sie agieren in Märkten, die längst nicht mehr ausschließlich von ökonomischen Gesetzen bestimmt werden, sondern zunehmend von politischen Prioritäten.

Was digitale Zentralbankwährungen verändern könnten

Ein Blick nach vorn zeigt, dass die Möglichkeiten finanzieller Repression mit *digitalen Zentralbankwährungen (CBDCs)* noch erweitert werden. Einige Experten, darunter der Journalist und Buchautor *Ernst Wolff*, sehen darin die ultimative Form staatlicher Kontrolle: Sie würden ermöglichen, Geldströme in Echtzeit zu überwachen, zu begrenzen oder an Bedingungen zu knüpfen.[21]

Konkret bedeutet dies, dass digitale Zentralbankwährungen technisch programmierbar wären. Auszahlungen könnten zeitlich befristet sein, sodass bestimmte Beträge innerhalb eines definierten Zeitraums ausgegeben werden müssen. Gelder könnten zweckgebunden werden, etwa nur für Konsum, nicht jedoch für Vermögensaufbau oder bestimmte Anlageformen. Auch direkte Haltekosten in Form automatisch belasteter Negativzinsen wären technisch umsetzbar. Darüber hinaus ließe sich jede Transaktion in Echtzeit nachvollziehen, sofern entsprechende Kontrollmechanismen vorgesehen werden.

Ob sich diese Befürchtungen bewahrheiten, ist offen. Klar ist jedoch, dass die technische Infrastruktur für eine solche Steuerung von Geldströmen bereits existiert und mit der Einführung digitaler Zentralbankwährungen Realität werden dürfte.

Kernbotschaft und Konsequenzen

Finanzielle Repression ist keine vorübergehende Ausnahmeerscheinung. Sie prägt zunehmend das finanzielle Umfeld und wirkt oft indirekt – durch Rahmenbedingungen, die Kapital in staatliche Stabilisierung lenken. Was wir daraus lernen können, ist grundlegend: Systemvertrauen trägt Risiken in sich. Wer sein Vermögen ausschließlich in vertrauten Strukturen belässt, macht es abhängig von politischen und institutionellen Entscheidungen. Gleichzeitig eröffnet Wissen neue Handlungsspielräume. Wer die zugrunde liegenden Mechanismen versteht, kann seine Vermögensstruktur bewusster ausrichten. Stabilität entsteht dort, wo Zusammenhänge nachvollziehbar sind und Entscheidungen auf eigener Einschätzung beruhen. Wer Vermögen erhalten will, braucht deshalb Lösungen, die auf realen Werten und nachvollziehbaren Strukturen basieren.

Die Grenzen klassischer Anlageformen

Kaum ein vermögender Anleger, der sich ernsthaft mit den aktuellen gesellschaftlichen und wirtschaftlichen Entwicklungen auseinandersetzt, zweifelt noch daran, dass die klassischen Anlageformen ins Wanken geraten sind. Inflation, politische Eingriffe und eine beispiellose Zinspolitik haben die Spielregeln verändert. Und doch zeigen die Zahlen der Deutschen Bundesbank: Rund 48 Prozent des Geldvermögens der privaten Haushalte liegen in Bankeinlagen, knapp 30 Prozent in Versicherungen und Pensionsansprüchen. Das sind zusammen gut drei Viertel des Geldvermögens. Immobilienbesitz kommt als dominanter Realwert noch hinzu. ETFs und Aktienfonds machen dagegen nur etwa ein Fünftel aus.[22]

Das ist kein Ausdruck mangelnden Wissens. Häufig zeigt sich hier eine kognitive Dissonanz, die viele kennen: Man durchschaut die Risiken und hält trotzdem an Vertrautem fest. Weil es bequem ist. Weil steuerliche Regeln binden. Oder weil Alternativen schwer vergleichbar erscheinen. Genau deshalb lohnt sich ein nüchterner Realitätscheck. Um die Veränderungen greifbar zu machen, betrachten wir die fünf klassischen Vermögenssäulen einzeln. Jede von ihnen war unter bestimmten historischen Bedingungen sinnvoll. Doch diese Bedingungen haben sich verschoben – mit Folgen, die oft unterschätzt werden.

Warum Bankeinlagen kein Fundament sind

Bankkonten sind das Rückgrat deutscher Vermögensstrukturen. Ende 2022 lagen knapp 3,6 Billionen Euro, rund 48 Prozent des gesamten Geldvermögens privater Haushalte, in Bargeld oder Einlagen. Doch die vermeintliche Sicherheit ist brüchig. Der Einlagensicherungsfonds der privaten Banken verfügte 2022 über 2,9 Milliarden Euro – bei über 700 Milliarden Euro an Einlagen. Das entspricht weniger als 0,5 Prozent Deckung.[23] Gleichzeitig ist mit der *EU-BRRD* und dem deutschen *Sanierungs- und Abwicklungsgesetz (SAG)* festgelegt, dass Guthaben über 100.000 Euro im Krisenfall als Gläubigerbeiträge herangezogen werden. Einleger werden damit unfreiwillig Teil der Sanierungsmasse.[24] Hinzu kommt die politische Steuerbarkeit von Liquidität: Überweisungsbeschränkungen oder Einfrieren von Guthaben sind rechtlich längst vorgesehen, wie das vorherige Kapitel am Beispiel Zypern gezeigt hat.

Das Konto sichert Liquidität, aber keine Krisenfestigkeit. Wer Summen im sechs- oder siebenstelligen Bereich dort parkt, setzt auf ein Versprechen, das rechnerisch nur für einen Bruchteil der Einleger eingelöst werden könnte.

Wie ETFs Diversifikation vorgaukeln

Exchange Traded Funds (ETFs), also börsengehandelte Indexfonds, gelten als modern, rational und wissenschaftlich abgesichert. Doch die Diversifikation ist häufig oberflächlich. Im MSCI World machen die zehn größten US-Konzerne – Apple, Microsoft, Amazon, Alphabet, Nvidia u. a. – inzwischen mehr als 20 Prozent des Index aus. Fällt einer dieser Titel deutlich, zieht er den gesamten Index nach unten. Die breite Streuung über Hunderte Unternehmen täuscht, wenn die Gewichtung an der Spitze so stark konzentriert ist, zumal rund 73 Prozent des gesamten Index auf US-Unternehmen entfallen.[25]

Die Ursache liegt in der Struktur: Die meisten Fonds sind nach Marktkapitalisierung gewichtet, also danach, wie groß ein Unternehmen an der Börse ist.[26] Je höher der Börsenwert, desto größer der Anteil im Index. Dadurch konzentrieren sich Kapitalzuflüsse bei indexnahen Investitionen überproportional auf die größten Konzerne. Steigen ihre Kurse, wächst ihr Indexgewicht automatisch, ein Effekt der reinen Marktabbildung. Das kann einen verstärkenden Effekt haben und die Marktkonzentration weiter erhöhen. In Abschwungphasen wirkt derselbe Mechanismus umgekehrt: Verlieren die Marktführer, fällt der gesamte Index. So kann eine engere Kopplung vieler Portfolios entstehen – eine Form systemischer Gleichläufigkeit, die sich über indexnahe Anlagen auf zahlreiche Anleger auswirkt.[27]

Hinzu kommt die Abhängigkeit von Notenbanken. Die Kursgewinne der letzten Dekade wurden stark durch die Nullzinspolitik und Liquiditätsprogramme der Fed und der *Europäischen Zentralbank (EZB)* unterstützt.[28] Nach der Finanzkrise 2008 senkten die Notenbanken die Zinsen auf historische Tiefstände und pumpten über Anleihekaufprogramme (»Quantitative Easing«) Milliarden in die Märkte. Da sichere Anleihen kaum noch Zinsen boten, floss ein großer Teil des Kapitals in Aktienmärkte – und damit häufig auch in ETFs. Der Boom der Indexfonds fiel in eine Phase extrem niedriger Zinsen und hoher Geldzufuhr durch die Notenbanken. Dieses Umfeld hat ihren Aufstieg deutlich begünstigt – neben anderen Faktoren wie steigenden Unternehmensgewinnen und technologischem Fortschritt. Mit der Zinswende kehrt sich dieser Effekt um: Steigende Zinsen verschieben die Spielregeln an den

Märkten. Festverzinsliche Anlagen wirken wieder interessanter, sodass Kapital teilweise umgeschichtet wird. ETFs folgen dieser Entwicklung automatisch – sie spiegeln einfach wider, was am Markt passiert.[29]

ETFs sind effiziente, kostengünstige Marktinstrumente, aber kein Ersatz für echte Diversifikation. Sie vermitteln das Gefühl globaler Streuung, während tatsächlich oft eine hohe Abhängigkeit von wenigen Märkten, Unternehmen und geldpolitischen Rahmenbedingungen besteht.

Warum Immobilien politische Risiken bergen

Kaum ein Anlagewert genießt in Deutschland so hohes Vertrauen wie die eigene Immobilie. Sie gilt als greifbar, wertbeständig und unabhängig von Finanzmärkten – ein klassisches Symbol für Sicherheit. Doch die wirtschaftlichen und politischen Rahmenbedingungen haben sich in den letzten Jahren grundlegend verändert. Was einst als Stabilität galt, wird zunehmend zur Belastung.

Nach der Zinswende sanken die Wohnimmobilienpreise 2023 laut *Statistischem Bundesamt* im Jahresdurchschnitt um 8,4 Prozent. In München lagen die Preise für wiederverkaufte Eigentumswohnungen um 13 Prozent unter dem Vorjahrespreis.[30] Besonders betroffen sind hochfinanzierte Objekte, bei denen die Zinskosten die Mieteinnahmen übersteigen. Das hat zur Folge, dass viele Eigentümer das erste Mal seit Jahrzehnten wieder Verluste hinnehmen müssen.

Gleichzeitig wächst der Kostendruck. Energetische Sanierungspflichten nach dem *Gebäudeenergiegesetz (GEG)* und der EU-Gebäuderichtlinie belasten Eigentümer zusätzlich. Studien zeigen, dass energetische Sanierungen in Bestandsgebäuden im Durchschnitt rund 37.000 Euro pro Objekt kosten, wobei die tatsächlichen Investitionen je nach Ausgangszustand und Maßnahmenumfang zwischen etwa 20.000 Euro und 80.000 Euro variieren können.[31] Viele Modernisierungen sind nicht freiwillig, sondern gesetzlich vorgeschrieben. Die vermeintlich »ruhige Anlage« wird damit zu einem fortlaufenden Kostenprojekt.

Parallel dazu verhindern gesetzliche Regelungen wie *Mietpreisbremse* und *Kappungsgrenze*, dass Eigentümer gestiegene Kosten anpassen können. Während die Mietpreisbremse Neuvermietungen deckelt, begrenzt die Kappungsgrenze Mieterhöhungen in laufenden Verträgen, meist auf 15 bis 20 Prozent innerhalb von drei Jahren.[32] Zusammen mit kommunalen Vorgaben führt das dazu, dass viele Eigentümer ihre Erträge kaum an die Inflation angleichen können.

So entsteht eine strukturelle Spannung: Immobilien sind Substanzwerte, aber sie sind immobil im wörtlichen Sinn. Sie lassen sich nur schwer liquidieren, erfordern laufende Investitionen und unterliegen politischen Entscheidungen, auf die Anleger kaum Einfluss haben.

Immobilien bleiben reale Werte, aber sie sind kein Garant für Stabilität. Sie verbinden Kapitalbindung, Regulierungsdruck und Inflationsrisiken und zeigen, dass selbst Sachwerte politische Abhängigkeiten nicht ausschließen.

Wie Lebensversicherungen Werte vernichten

Die Kapitallebensversicherung war über Jahrzehnte das Standardprodukt deutscher Altersvorsorge. Sie galt als solide, planbar und staatlich legitimiert. Doch die Zahlen zeigen: Das Modell ist längst überholt. Trotzdem halten Millionen Deutsche noch daran fest. In Deutschland bestehen heute noch über 84 Millionen Lebensversicherungsverträge, obwohl das Neugeschäft seit Jahren stark rückläufig ist.[33] Zwar schließen die meisten Anleger keine neuen Policen mehr ab, aber sie lassen ihre alten einfach weiterlaufen. Oft aus Bequemlichkeit, manchmal aus Unsicherheit, ob sich ein Ausstieg überhaupt lohnt. Dabei verlieren diese Verträge Jahr für Jahr an Wert.

Der Garantiezins lag zwischen 2022 und Ende 2024 bei nur 0,25 Prozent. Selbst bei einer moderaten Inflationsrate von 3,0 Prozent führt eine solche Verzinsung über 20 Jahre zu einem realen Kaufkraftverlust von mehr als 40 Prozent.[34] Abschluss- und Verwaltungskosten reduzieren die Erträge zusätzlich.

Hinzu kommen rechtliche Probleme. Viele Altverträge enthalten fehlerhafte Widerrufsbelehrungen und intransparente Berechnungen der Rückkaufswerte. Das *Oberlandesgericht Stuttgart* kritisierte 2014, dass die verwendeten Klauseln Verbraucher in die Irre führen und gegen das Transparenzgebot verstoßen (Az. 2 U 30/14). In der öffentlichen Berichterstattung wurde dies als »legaler Betrug« bezeichnet. Der *Bundesgerichtshof* bestätigte 2015 zentrale Teile dieser Kritik und erklärte die entsprechenden Klauseln für unwirksam (Az. IV ZR 76/11).[35] Für Betroffene kann eine Rückabwicklung daher finanziell interessant sein, da sie ihre eingezahlten Beiträge samt Zinsen zurückerhalten und das Kapital anschließend sinnvoll neu anlegen können.

Das erklärt, warum Lebensversicherungen kein Randthema sind: nicht weil sie noch aktiv verkauft würden – sondern weil sie weiterlaufen, still und ineffizient. Viele Anleger merken gar nicht, dass sie Kapital gebunden halten, das längst produktiver arbeiten könnte. Lebensversicherungen sind ein Relikt aus Zeiten des Vertrauens in etablierte Strukturen. Sie geben Sicherheit auf dem Papier, aber sie vernichten reale Werte. Wer bestehende Verträge kritisch prüfen lässt, kann Kapital freisetzen und die Kontrolle über seine Altersvorsorge zurückgewinnen.

Warum Anleihen keine Stabilität mehr bieten

Anleihen galten lange als Synonym für Sicherheit. Jahrzehntelang waren sie das Rückgrat konservativer Portfolios, ein verlässlicher Zinsstrom ohne große Schwankungen. Doch dieses Versprechen gilt nicht mehr. Die jahrzehntelange Niedrigzinsphase und die anschließende Zinswende haben das Verhältnis von Risiko und Ertrag grundlegend verändert.

Als die EZB 2022 die Zinsen in Rekordzeit anhob, fielen die Kurse bestehender Anleihen deutlich. Der deutsche Rentenindex REXP verlor rund 12 Prozent, europäische Staatsanleihen rund 18 Prozent, lang laufende Bundesanleihen sogar noch mehr. Anleihen galten lange als stabiler Gegenpol zum Aktienmarkt: Plötzlich verhielten sie sich wie ein zusätzlicher Risikofaktor, vor allem bei langen Laufzeiten.[36]

Auch das Vertrauen in Unternehmensanleihen ist trügerisch. Die internationale Ratingagentur *Moody's* meldete 2023 für High-Yield-Bonds, also Anleihen von Unternehmen mit schwächerer Bonität, eine Ausfallquote von rund 4,8 Prozent. Dieser Wert lag über dem langfristigen Durchschnitt.[37] Der Grund: Viele Unternehmen haben sich in der Nullzinsphase hoch verschuldet. Steigende Zinskosten belasten ihre Bilanzen und mit jeder Refinanzierungsrunde wächst das Risiko.

Damit entsteht ein neues Paradoxon: Anleihen, die Stabilität versprechen, reagieren heute empfindlicher auf Marktschocks als viele Aktien. Selbst wer sein Vermögen breit über verschiedene Emittenten streut, bleibt vom übergeordneten Zins- und Inflationsumfeld abhängig.

Anleihen liefern keinen stabilen Zinsstrom mehr, sondern vereinen gleich zwei Risiken: Kursverluste durch steigende Zinsen und Ausfälle hochverschuldeter Emittenten. Sie sind kein sicherer Gegenpol zum Aktienmarkt mehr, sondern Teil desselben Systems, das von Schulden, Zentralbankpolitik und globaler Liquidität abhängt.

Fallstudien

Finanzkrise 2008 – der Crash des »sichersten Marktes der Welt«

Die US-Immobilienkrise gilt als der Auslöser der globalen Finanzkrise 2008. Besonders brisant war, dass sie genau jene Anlageklassen traf, die lange als stabil galten: Immobilien, Hypothekenanleihen und sogar Bankeinlagen. Jahrzehntelang galt US-Wohneigentum als Garant für Sicherheit. Hypotheken wurden in Wertpapiere verpackt und weltweit verkauft. Banken, Versicherungen und Fonds investierten in großem Umfang in diese Produkte.

Zwischen 2006 und 2008 kam es jedoch zur Wende. Die Zinslasten stiegen, während zugleich die Immobilienpreise sanken und viele

Haushalte plötzlich mehr Schulden hatten, als ihre Häuser noch wert waren. Immer häufiger konnten Kreditnehmer ihre Hypotheken nicht mehr bedienen, Kredite platzten und die darauf basierenden Wertpapiere verloren dramatisch an Wert. Was als stabiler Markt gegolten hatte, geriet ins Rutschen und zog weite Teile des Finanzsystems mit sich.

Die Folgen waren gravierend. Die US-Investmentbank *Lehman Brothers* meldete am 15. September 2008 Insolvenz an – mit mehr als 600 Milliarden US-Dollar Bilanzsumme die größte Pleite der US-Geschichte.[38] Banken wie *AIG, Citigroup* und die Hypothekenfinanzierer *Fannie Mae* und *Freddie Mac* mussten mit Hunderten Milliarden Dollar staatlich gestützt werden. Weltweit verloren Anleger Billionen: Der MSCI World fiel zwischen Juni 2007 und März 2009 um mehr als 50 Prozent.[39]

Das Fazit daraus lautet: Selbst der als »sicher« geltende US-Immobilienmarkt erwies sich als Auslöser einer Kettenreaktion, die alle klassischen Bausteine gleichzeitig traf.

Die Erkenntnisse aus dieser Krise haben durchaus noch Relevanz. Nach der Finanzkrise wurden die Kreditvergabestandards im Hypothekenbereich deutlich verschärft. Aufsichtsbehörden stellten fest, dass die *Underwriting-Standards*, also die Maßstäbe zur Prüfung von Einkommen, Sicherheiten und Rückzahlungsfähigkeit, deutlich höher seien als vor der Krise.[40] In den Jahren vor 2008 vergaben US-Banken hingegen teilweise sogar sogenannte *NINJA-Loans* – Kredite an Schuldner mit No Income, No Job, No Assets, also ohne nachweisbares Einkommen, Beschäftigung oder Sicherheiten.[41]

Aus unserer Sicht lag das strukturelle Problem jedoch nie ausschließlich beim einzelnen Kreditnehmer, sondern in der Art und Weise, wie Kreditrisiken gebündelt, weiterverkauft und im Finanzsystem verteilt werden. Diese Logik der Verbriefung ist nicht verschwunden. Kredite werden weiterhin gebündelt, bewertet und global vertrieben, heute etwa in Form von *CLO*s, also handelbaren Kreditpaketen aus Unternehmens- und sogenannten *Leveraged Loans*, die an bereits stark verschuldete Unternehmen vergeben werden. Dieser Markt umfasst in den USA und Europa inzwischen mehr als 1,5 Billionen US-Dollar.[42]

Der *Europäische Ausschuss für Systemrisiken* beschreibt in seinem Bericht zur nichtbankmäßigen Finanzintermediation aus dem Jahr 2024, dass systemische Risiken zunehmend außerhalb klassischer Banken entstehen. Genannt werden vor allem hohe Verschuldung, Liquiditätsungleichgewichte und enge Vernetzungen zwischen Finanzakteuren. Diese Kombination kann dazu führen, dass Spannungen in einzelnen Marktsegmenten schnell auf andere Bereiche übergreifen. Risiken breiten sich damit über Verflechtungen im System aus, statt isoliert zu bleiben.[43]

Die zentrale Lehre aus der Finanzkrise bleibt damit aktuell. Die Anfälligkeit entsteht weniger durch ein einzelnes Produkt als durch die Art, wie Risiken im System verteilt und miteinander verknüpft sind. Heute verlaufen diese Risikoketten häufiger über Fonds und strukturierte Kreditmärkte statt über Hypothekenverbriefungen. Die Mechanik der Risikoübertragung ist jedoch vergleichbar. Die Risikoketten sind nicht verschwunden, sie verlaufen nur entlang anderer Instrumente und Marktsegmente. Das Etikett hat sich geändert, die zugrunde liegende Logik kaum.

Uniper 2022 – wenn Politik Eigentum neu definiert

Auch in Deutschland zeigt sich, dass klassische Anlagen nicht immun gegen politische Eingriffe sind. Ein eindrückliches Beispiel liefert der Energiekonzern Uniper, der eine zentrale Rolle in der deutschen Gasversorgung spielte und maßgeblich am Import und Handel von Erdgas beteiligt war.[44] Mit dem starken Rückgang russischer Pipeline-Lieferungen ab 2022 geriet dieses Geschäftsmodell unter Druck, weil fehlende Mengen kurzfristig und deutlich teurer ersetzt werden mussten.[45] Uniper selbst erklärte, dass das Unternehmen seit geraumer Zeit Gas zu wesentlich höheren Preisen beschaffen musste und dadurch erhebliche Verluste entstanden, weil die Ersatzbeschaffungskosten nicht in entsprechendem Umfang an die Kunden weitergegeben werden konnten.[46]

In dieser Situation beschloss die Bundesregierung eine umfassende staatliche Rettung. Kern der Maßnahme war die Übernahme von rund 99 Prozent der Unternehmensanteile.[47] Für bestehende Aktionäre bedeutete dies faktisch eine massive Verwässerung ihres Eigentums. Der Staat wurde nahezu alleiniger Eigentümer, während private Anteilseigner nur noch einen minimalen Restwert hielten. Die Entwicklung des Aktienkurses verdeutlicht die Tragweite. Anfang 2021 notierte die Uniper-Aktie noch bei über 40 Euro. Im Herbst 2022 fiel sie zeitweise auf unter 3 Euro.[48] Milliarden an Börsenwert lösten sich in kurzer Zeit auf. Besonders deutlich wurde dies am Beispiel des damaligen Großaktionärs Fortum, der im Zuge der Rettungsmaßnahmen erhebliche Abschreibungen hinnehmen musste.[49]

Politisch war dieser Schritt auf die Sicherung der Energieversorgung ausgerichtet. Die wirtschaftlichen Verluste resultierten aus einem bereits bestehenden systemischen Risiko; der staatliche Eingriff erfolgte in dessen Folge. Die Stabilität einer systemrelevanten Infrastruktur erhielt in dieser Situation allerdings Vorrang vor dem

Schutz bestehender Eigentumsverhältnisse. Für die Aktionäre bedeutete die Maßnahme erhebliche Verluste. Zugleich ist zu berücksichtigen, dass ohne staatliche Stabilisierung eine Insolvenz des Unternehmens wahrscheinlich gewesen wäre, mit voraussichtlich ebenfalls gravierenden oder vollständigen Wertverlusten für die Anteilseigner.

Der Lernpunkt aus diesem Fall bleibt dennoch deutlich: Selbst ein DAX-Konzern mit staatlicher Beteiligung kann innerhalb weniger Monate massiv an Wert verlieren, wenn politische Entscheidungen in Krisenzeiten Vorrang vor marktwirtschaftlichen Prinzipien erhalten.

Ein naheliegendes Gegenargument lautet, Uniper sei ein Sonderfall gewesen – eine außergewöhnliche Energiekrise, ausgelöst durch geopolitische Schocks. Doch gerade darin liegt die strukturelle Aussagekraft des Beispiels. Extremsituationen sind kein Betriebsunfall des Systems, sondern Teil wirtschaftlicher Realität. Wenn politische Notwendigkeiten groß genug sind, können Eigentumsrechte relativiert werden. Aktionärsschutz gilt, solange er systemisch tragbar erscheint. Gerät das Gesamtsystem unter Druck, verschiebt sich die Entscheidungslogik von Marktmechanismen hin zu staatlicher Steuerung.

Argentinien 2001 – wenn der Zugang versperrt wird

Ein extremes Beispiel lieferte Argentinien im Jahr 2001. Nach Jahren hoher Staatsverschuldung und Währungskrise griff die Regierung direkt in das Eigentum der Bürger ein. Viele Argentinier hielten ihre Ersparnisse auf inländischen US-Dollar-Konten, um sich vor der hohen Inflation des Landes zu schützen und ihr Vermögen in einer stabileren Währung zu sichern.

Am 3. Dezember 2001 verhängte die Regierung das sogenannte *Corralito,* eine staatliche Beschränkung des Zugriffs auf Bankguthaben. Bargeldabhebungen waren fortan auf 250 Peso, damals etwa 250 US-Dollar, pro Woche begrenzt und Überweisungen ins Ausland wurden blockiert.[50]

Millionen Bürger verloren dadurch faktisch den freien Zugriff auf ihre Ersparnisse. Wenig später folgte der zweite Eingriff: Dollar-Guthaben wurden zwangsweise in Pesos umgerechnet – zu einem staatlich festgelegten Kurs, der weit unter dem Marktwert lag. In der Folge verlor der Peso über 70 Prozent seines Werts, das Bankensystem kollabierte und Argentinien erklärte den größten Staatsbankrott seiner Geschichte.[51]

Die Lehre aus diesem Fall ist klar: Nicht das Produkt war riskant, sondern der Ort. Selbst wer sein Vermögen in US-Dollar hielt, erlitt Verluste, weil sich die Konten innerhalb des argentinischen Bankensystems befanden und damit der staatlichen Kontrolle unterlagen.

Argentinien wird in diesem Zusammenhang oft als Sonderfall eingeordnet – ein Land mit chronischen Schuldenproblemen, in dem solche Maßnahmen vielleicht erwartbar waren. In Europa, so die Annahme, wäre ein vergleichbarer Eingriff undenkbar. Doch genau das stimmt nicht. Kapitalverkehrskontrollen gab es auch in Griechenland im Jahr 2015 und in Zypern im Jahr 2013. Zudem existieren die rechtlichen Grundlagen für solche Maßnahmen längst EU-weit. Ob ein Land als »stabil« oder nicht gilt, spielt im Ernstfall eine untergeordnete Rolle. Entscheidend ist aus staatlicher Sicht die Notwendigkeit, das Finanzsystem zu stabilisieren.

Warum wir trotzdem an Vertrautem festhalten

Bankeinlagen, ETFs, Immobilien, Lebensversicherungen und Unternehmensanleihen sind tief in der Vermögensstruktur verankert. Statistiken belegen, dass auch heute noch zwei Drittel des deutschen Geldvermögens in Bankeinlagen und Versicherungen gebunden sind, während Immobilien zusätzlich den dominanten Anteil am Realvermögen stellen.

Diese Produkte sind nicht wertlos, aber sie haben ihre Schutzfunktion verloren. Ihre Stabilität beruhte auf Rahmenbedingungen, die nicht mehr gelten: stabile Zinsen, moderate Inflation, begrenzte politische Eingriffe. Mit dem Wandel dieser Grundlagen haben sich die klassischen Bausteine von Vermögenssicherungen zu Risikoverstärkern entwickelt.

Die Fallstudien verdeutlichen:

- Es können ganze Märkte implodieren, obwohl sie als sicher galten (2008, USA).
- Die Politik kann Eigentum faktisch neu definieren, wenn sie es für notwendig hält (2022, Deutschland).
- Ein Staat kann den Zugang zu Vermögen blockieren, selbst wenn das Konto gefüllt ist (2001, Argentinien).

Die Grenzen klassischer Anlageformen sind offensichtlich. Sie alle beruhen auf demselben Grundprinzip: Vertrauen. Vertrauen in Banken, Märkte, Politik oder Produkte. Doch Vertrauen ist kein Stabilitätsfaktor. Es beruht auf Gefühlen und Gefühle lassen sich durch Angst, Bequemlichkeit oder Gewohnheit steuern. Warum so viele Anleger trotz dieser Erkenntnisse im Alten verharren, hat weniger mit Zahlen als mit Psychologie zu tun. Denn nicht jede Veränderung bedeutet Verlust. Manchmal öffnet sie erst den Blick für Chancen, die jenseits der gewohnten Bahnen liegen.

Im nächsten Kapitel geht es deshalb um die inneren Mechanismen, die finanzielle Entscheidungen prägen und die oft verhindern, dass Vermögen dort ankommt, wo es wirken könnte.

Die Psychologie der Geldanlage

Viele Anleger verfügen über beeindruckendes Wissen. Sie verfolgen Wirtschaftsnachrichten, lesen Analysen von Banken oder unabhängigen Experten und viele von ihnen haben bereits eigene Krisen miterlebt. Sie kennen Begriffe wie Inflation, Bail-in oder Negativzinsen, sie verstehen die Mechanik von ETFs oder Immobilienmärkten – und doch zeigen ihre Entscheidungen oft ein ganz anderes Bild. Ein erheblicher Teil ihres Vermögens liegt weiter auf Bankkonten, in klassischen Versicherungen oder in Immobilien, deren Risiken sie eigentlich durchschauen. Dieses Paradoxon lässt sich nicht allein mit Unkenntnis erklären. Es ist ein psychologisches Phänomen.

Die Psychologie der Geldanlage wirkt im Hintergrund wie eine unsichtbare Kraft. Sie bestimmt, ob wir aktiv werden oder abwarten, ob wir Chancen ergreifen oder vermeiden, ob wir einer Empfehlung folgen oder sie hinterfragen. Wer glaubt, Geldanlage sei eine rein rationale Angelegenheit, unterschätzt die Macht dieser Mechanismen. Studien der Verhaltensökonomie haben gezeigt, dass Menschen systematisch von der »reinen Vernunft« abweichen und dass sie dies nicht nur gelegentlich tun, sondern mit erstaunlicher Regelmäßigkeit.

Der US-israelische Psychologe und Nobelpreisträger *Daniel Kahneman* hat gezeigt, dass Menschen ihre Entscheidungen im Nachhinein oft durch Geschichten rechtfertigen – auch wenn diese Entscheidungen stark von Zufällen oder Emotionen beeinflusst waren.[52] Mit anderen Worten: Wir sind nicht nur Rechner, die nüchterne Kosten-Nutzen-Abwägungen anstellen, sondern Erzähler, die ihre Handlungen in ein konsistentes Narrativ einbetten.

Doch nicht jede Entscheidung ist das Ergebnis rationaler Abwägung oder emotionaler Täuschung. Oft spielt auch Intuition eine

Rolle. Sie kann eine wertvolle Orientierung sein, wenn sie auf Erfahrung und feinem Gespür beruht. Häufig aber verwechseln Anleger Intuition mit spontanen Emotionen wie Angst oder Euphorie. Dann wird aus einer eigentlich hilfreichen inneren Stimme ein Verzerrungsfaktor, der Entscheidungen eher verschleiert als klärt.

Gerade vermögende Anleger sind dafür besonders anfällig. Mit wachsendem Kapital steigt auch der Wunsch nach Kontrolle. Jeder Fehltritt wird größer, jeder Verlust schwerer spürbar. Psychologisch betrachtet bedeutet das: Der innere Druck, bloß nichts falsch zu machen, wächst. Und je stärker dieser Druck wird, desto größer wird die Wahrscheinlichkeit, in unbewusste Denkfallen zu geraten. Verlustaversion, Bestätigungsfehler, kognitive Dissonanz oder Herdentrieb sind keine abstrakten Konzepte, sondern konkrete Kräfte, die das Verhalten von Anlegern in allen Vermögensklassen prägen.

Ein Beispiel macht dies deutlich: Viele wissen, dass Inflation die Kaufkraft ihres Kapitals schmälert. Sie wissen auch, dass Bankeinlagen oberhalb der gesetzlichen Sicherungsgrenze von 100.000 Euro im Ernstfall gefährdet sind. Und dennoch parken sie sechsstellige Beträge auf Giro- oder Tagesgeldkonten. Auf die Frage nach dem Warum folgt meist ein Schulterzucken: »Das fühlt sich sicher an.« Dieses »Gefühl der Sicherheit« ist ein klassisches Produkt der Psychologie, nicht der Zahlen.

Ein anderes Beispiel betrifft den Umgang mit Investmentblasen. Historisch lässt sich beobachten, dass Anleger nicht etwa rational gegen den Markt handeln, sondern sich im Gegenteil von ihm mitreißen lassen. *Robert Shiller*, Nobelpreisträger und Chronist der Dotcom- wie auch der Immobilienblase, spricht von »irrationaler Überschwänglichkeit« – also einer kollektiven Euphorie, die jede kritische Stimme übertönt.[53] Wer sich in solchen Phasen sicher fühlt, weil »alle« investieren, verkennt, dass die Masse selten vor Verlusten schützt.

Die Psychologie der Geldanlage ist deshalb mehr als ein Randthema. Sie ist das Fundament, auf dem alle weiteren Überlegungen aufbauen. Denn wer die Mechanismen nicht kennt, die ihn unbewusst leiten, wird auch bei bester Marktkenntnis immer wieder Entscheidungen treffen, die im Nachhinein unverständlich wirken.

Ziel dieses Kapitels ist es, genau diese Mechanismen sichtbar zu machen. Es geht nicht darum, individuelle Fehler bloßzustellen, sondern Muster zu verstehen, die uns allen gemeinsam sind. Diese Muster erklären, warum Kapital häufig falsch positioniert bleibt, warum Anleger zu lange abwarten oder warum sie Chancen nicht nutzen, obwohl die Fakten dafürsprechen.

Im ersten Schritt betrachten wir sieben typische Denkfehler, die uns im Alltag begegnen und die nachhaltig Vermögen kosten können. Sie zeigen, wie tief psychologische Muster unser Verhalten prägen, oft ohne dass wir es bemerken. Im zweiten Schritt vertiefen wir die psychologischen Hintergründe: Verlustaversion, Bestätigungsfehler, Ankereffekt und andere Verzerrungen, die immer wieder auftreten, unabhängig von Bildung, Erfahrung oder Vermögen. Und schließlich werfen wir einen Blick auf kulturelle Prägungen, die gerade in Deutschland eine besondere Rolle spielen, von der Nachkriegssparmentalität bis zur Skepsis gegenüber Aktien.

Die gute Nachricht: Wer diese Muster erkennt, ist ihnen nicht länger ausgeliefert. Bewusstsein schafft Handlungsspielraum. Und genau dieser Handlungsspielraum ist der Schlüssel, um das eigene Vermögen so aufzustellen, dass es nicht von alten Glaubenssätzen bestimmt wird, sondern von Klarheit, Sachlichkeit und einer bewusst gewählten Strategie.

Die sieben typischen Denkfehler

1. »Mein Geld ist auf dem Konto sicher.«

Für viele Anleger ist das Konto der Inbegriff von Sicherheit. Der Blick auf den Kontostand vermittelt Ruhe: Die Zahl ist stabil, jederzeit verfügbar und scheinbar unter Kontrolle. Gerade in unsicheren Zeiten wirkt dieses Gefühl attraktiv. Es gibt das beruhigende Signal: »Hier kann nichts passieren.«

Psychologisch ist das nachvollziehbar. Untersuchungen von *Daniel Kahneman* und *Amos Tversky* haben gezeigt, dass Verluste emotional deutlich schwerer wiegen als Gewinne.[54] Wer dieses Muster verinnerlicht hat, meidet gern jedes Risiko, selbst wenn es Chancen eröffnet. Das Konto wirkt deshalb wie eine sichere Zuflucht: keine Prognose nötig, keine Entscheidung, keine Unwägbarkeit.

Doch auch das Nichtstun ist eine Entscheidung. Der Verlust durch Inflation oder entgangene Erträge geschieht im Stillen, er fühlt sich nur weniger bedrohlich an, weil er nicht sichtbar wird. Kurzfristig wirkt das Konto beruhigend, langfristig aber kann es das Vermögen langsam aushöhlen.

Ein Bankkonto vermittelt Verfügbarkeit und Ordnung. Ob es in einer systemischen Krise auch Schutz bietet, ist eine andere Ebene.

2. »Meine Bank kümmert sich schon um mein Depot.«

Viele Anleger vertrauen darauf, dass ihre Bank das Depot im Blick hat. Dieses Vertrauen hat viel mit Entlastung zu tun: Man muss nicht jede Entscheidung selbst treffen, nicht ständig Kurse verfolgen und keine Verantwortung für Fehler tragen. Das ist nachvollziehbar, gerade bei größeren Vermögen wächst der Wunsch, Verantwortung abzugeben.

Doch die Forschung zeigt, dass dieses Vertrauen ambivalent sein kann. Studien zur Anlageberatung in Deutschland belegen, dass Banken in vielen Fällen Produkte vorrangig nach Provisionsinteressen platzieren.[55] Dennoch halten viele Kunden am Bild des kompetenten Bankbegleiters fest. Psychologisch ist das ein klassischer Mechanismus zur Reduktion innerer Spannungen: Man möchte glauben, gut beraten zu sein, auch wenn man weiß, dass Institutionen eigene Ziele verfolgen. In der Sozialpsychologie spricht man von »kognitiver Dissonanz« – dem Drang, innere Widersprüche auszublenden, um ein stimmiges Selbstbild zu bewahren.[56] Hinzu kommt die Tendenz, Autoritäten mehr Gewicht zu geben als dem eigenen Urteil, ein Muster, das der US-amerikanische Sozialpsychologe *Stanley Milgram* in seinen berühmten Experimenten nachweisen konnte.[57] Das macht es leicht, dem Rat des Bankberaters zu folgen, selbst wenn Zweifel bleiben.

Vertrauen in Experten kann sinnvoll sein. Entscheidend ist jedoch, ob es auf nachvollziehbarer Prüfung beruht oder lediglich eine Form psychologischer Entlastung darstellt.

3. »Sachwerte kenne ich zu wenig.«

Wenn es um Geldanlagen geht, greifen die meisten Menschen zuerst auf das zurück, was ihnen vertraut erscheint: Aktien, Immobilien oder Sparkonten. Alles andere wirkt fremd, manchmal sogar riskant. Nicht unbedingt, weil es wirklich gefährlicher wäre, sondern weil es seltener im Alltag vorkommt.

Die Forschung beschreibt dieses Phänomen als Verfügbarkeitsheuristik: Menschen schätzen Wahrscheinlichkeiten danach ein, wie leicht ihnen passende Beispiele einfallen.[58] Aktienkurse begegnen uns täglich in Nachrichten und Wirtschaftsteilen der Zeitungen, Immobilienpreise in Gesprächen mit Freunden oder in Medienberichten. Alternative Anlageformen dagegen tauchen seltener auf und wirken dadurch automatisch ungewohnter und riskanter.

Das Problem ist weniger ein Mangel an Information, sondern eine Art »Filter« im Kopf. Was leicht verfügbar ist, scheint realer und wichtiger. Was selten auftaucht, wird schnell ausgeblendet, selbst wenn es objektiv sinnvoll sein könnte. So bleiben viele Möglichkeiten gar nicht erst im Blickfeld. Maßgeblich ist daher, ob Vertrautheit schützt oder den Horizont begrenzt.

4. »Auslandsinvestments machen mir Angst.«

Der Gedanke, Geld jenseits der eigenen Landesgrenzen anzulegen, ruft bei vielen Anlegern ein mulmiges Gefühl hervor. Fremde Märkte, andere Sprachen, unbekannte Rechtsrahmen – das wirkt schnell riskanter, als es objektiv gesehen ist. Empirische Studien zeigen, dass Portfolios weltweit stark auf den Heimatmarkt konzentriert sind. Dieses Muster wird als *Home Bias* bezeichnet.[59] Verhaltensökonomen wie *Gur Huberman* zeigen, dass diese Präferenz nicht auf Unwissen beruht, sondern auf psychologischer Nähe: Das Vertraute vermittelt Kontrolle.[60] In Deutschland ist dieser Effekt besonders ausgeprägt, nicht zuletzt durch historische Erfahrungen, die das Vertrauen in Geld und Eigentum geprägt haben. Während Handelsnationen wie die Niederlande oder Großbritannien seit Jahrhunderten Erfahrung mit internationalen Märkten, Währungen und Rechtssystemen sammeln, war Deutschland lange nach innen orientiert. Der Wohlstand beruhte auf industrieller Produktion, Sparsamkeit und Besitz, nicht auf Kapitalexport oder Kolonialhandel.[61]

Hinzu kommen historische Erfahrungen, die das Sicherheitsdenken verstärkten: Hyperinflation, Währungsreformen und Eigentumsverluste nach den Weltkriegen. In Ostdeutschland prägten zusätzlich Enteignungen und staatliche Kontrolle das Verhältnis zu Geld und Eigentum. Diese Mischung aus kultureller Prägung und kollektiver Erinnerung erklärt, warum deutsche Anleger bis heute Stabilität bevorzugen und internationalen Märkten mit Vorsicht begegnen.

5. »Ich warte erst mal ab.«

Anleger stehen oft vor der Frage, ob jetzt der richtige Zeitpunkt für eine Entscheidung ist. Unsicherheit führt dabei nicht selten zu einem Aufschub, in der Hoffnung, dass sich bald ein klareres Bild ergibt. Doch Märkte sind selten eindeutig.

Die Forschung zeigt, dass Menschen Veränderungen tendenziell scheuen. Die beiden US-amerikanischen Ökonomen *Samuelson* und *Zeckhauser* beschrieben dieses Muster als Bevorzugung des Status quo: Das Bekannte erscheint weniger riskant, selbst wenn objektiv bessere Alternativen vorliegen.[62] So wird Abwarten zur psychologisch attraktiven Option. Es fühlt sich neutraler an, weil man nichts »falsch« macht.

Abwarten wirkt harmlos, verändert aber nichts an den bestehenden Risiken. Wer zu lange zögert, überlässt Entwicklungen dem Zufall und verzichtet auf Gestaltungsspielraum. Das Zögern ist menschlich verständlich. Entscheidend ist jedoch, ob es mit den eigenen Zielen vereinbar bleibt.

6. »Ich möchte flexibel bleiben.«

Flexibilität gilt heute fast als Wert an sich, besonders bei finanziellen Entscheidungen. Sie vermittelt das Gefühl, jederzeit reagieren zu können, unabhängig zu bleiben, keine falsche Bindung einzugehen. Genau dieses Bedürfnis führt jedoch oft dazu, dass Anleger Angebote mit längerer Haltedauer meiden, selbst wenn diese wirtschaftlich vorteilhaft wären.

Ein Grund dafür liegt in dem, was der Verhaltensökonom *Richard Thaler* beschrieben hat: Menschen führen »mentale Konten«, gedankliche Schubladen, in denen sie Geld unterschiedlich bewerten.[63] Kapital, das gebunden ist, fühlt sich subjektiv »verloren« an, weil es nicht frei verfügbar ist, auch wenn es objektiv weiterarbeitet, Erträge erwirtschaftet und das Vermögen stabilisiert. Sofortige Liquidität liefert emotionale Beruhigung, selbst wenn sie in der Praxis kaum genutzt wird.

Die Haltung, flexibel bleiben zu wollen, ist daher verständlich. Doch sie kann dazu führen, dass Vermögen nicht optimal eingesetzt wird. Die Balance zwischen Beweglichkeit und Bindung zu finden, ist die eigentliche Herausforderung.

7. »Ich habe Angst, auf einen Betrug hereinzufallen.«

Schlagzeilen über Betrugsfälle oder misslungene Fonds prägen das Anlegerverhalten weit stärker, als positive Beispiele es je könnten. Psychologisch erklärt das der sogenannte *Negativity Bias*: Negative Erfahrungen hinterlassen tiefere Spuren als positive. Der US-amerikanische Sozialpsychologe *Baumeister* und Kollegen haben diesen Mechanismus prägnant beschrieben: »Bad is stronger than good.«[64] Das erklärt, warum schon ein einziger Skandal ganze Anlageklassen in Misskredit bringen kann. Selbst wer persönlich nie betroffen war, überträgt die Erfahrung anderer auf das eigene Handeln. Vorsicht scheint in diesem Licht völlig nachvollziehbar.

Die Kehrseite ist, dass, wer sich ausschließlich von Misstrauen leiten lässt, auch geprüfte Chancen verpasst. Ausschlaggebend ist daher, Risiken nicht zu verdrängen, sondern sie bewusst zu prüfen und auf dieser Basis Entscheidungen zu treffen.

Psychologische Mechanismen im Detail

Die typischen Denkmuster, die wir zuvor betrachtet haben, sind leicht erkennbar: Sie tauchen in Gesprächen immer wieder auf. Dahinter liegen jedoch tiefere psychologische Mechanismen, die unser Verhalten steuern, ohne dass wir es bemerken. Diese Mechanismen sind keine individuellen Schwächen, sondern universelle menschliche Reaktionen, die in vielen Lebensbereichen auftreten. In der Geldanlage jedoch wirken sie besonders stark, weil es hier um Werte geht, die eng mit Sicherheit, Zukunft und Kontrolle verbunden sind.

Im Folgenden betrachten wir einige dieser Mechanismen genauer, von der Verlustaversion über den Bestätigungsfehler bis hin zum Herdentrieb. Jeder von ihnen erfüllt im Alltag eine Funktion, doch in finanziellen Entscheidungen können sie zu Verzerrungen führen, die langfristig teuer werden.

Verlustaversion – warum Verluste schwerer wiegen als Gewinne

Kaum etwas prägt unser Entscheidungsverhalten so stark wie die Furcht vor Verlusten. Wer einmal 10.000 Euro an der Börse verloren hat, erinnert sich daran oft noch Jahre später, während ein gleich hoher Gewinn schneller in Vergessenheit gerät. In Befragungen berichten Anleger regelmäßig, dass sie Verluste doppelt so intensiv empfinden wie gleich hohe Gewinne. Dieses Muster ist nicht nur subjektive Erfahrung, sondern gut belegt. Kahneman und Tversky haben es in ihrer »Prospect Theory« nachgewiesen: Der Schmerz eines Verlustes ist etwa doppelt so stark wie die Freude über einen Gewinn.[65] Das erklärt, warum Menschen riskante Chancen meiden, selbst wenn sie langfristig vorteilhaft sein könnten.

Aus psychologischer Sicht hat Verlustaversion eine Funktion: Sie schützt uns vor riskanten Handlungen, die unser Überleben gefährden könnten. Im Alltag ist dieses Muster also oft hilfreich. In der Geldanlage jedoch kann es dazu führen, dass Kapital zu passiv bleibt oder Chancen gar nicht erst ergriffen werden.

Verlustaversion gehört zu uns. Entscheidend ist, ob wir sie erkennen und ihr Raum geben, ohne dass sie unbemerkt unsere langfristigen Ziele verdrängt.

Bestätigungsfehler – warum wir lieber das hören, was wir schon glauben

Stellen Sie sich vor, jemand ist überzeugt, dass Immobilien die stabilste Anlageform sind. Jedes Mal, wenn ein Artikel über steigende Immobilienpreise erscheint, wird er aufmerksam gelesen und als Beleg für die eigene Haltung gewertet. Meldungen über fallende Preise oder Probleme bei Finanzierungen hingegen werden schnell beiseitegeschoben.

Dieses Muster ist weit verbreitet: Menschen suchen eher nach Informationen, die ihre Überzeugungen bestätigen, und blenden Gegenteiliges aus. Psychologen sprechen vom *Confirmation Bias*. Der US-amerikanische Psychologe *Raymond S. Nickerson* fasste in einer Übersichtsstudie zusammen, dass dieser Mechanismus in fast allen Lebensbereichen nachweisbar ist – von Politik über Medizin bis hin zu Geldentscheidungen.[66]

Die Funktion hinter dieser Verzerrung ist nachvollziehbar: Wer ständig jede eigene Annahme hinterfragen müsste, wäre dauerhaft verunsichert. Das Gehirn bevorzugt Konsistenz, es will eine stimmige Geschichte. In der Geldanlage kann genau das jedoch dazu führen, dass Anleger Chancen oder Warnsignale ignorieren. Nicht weil sie zu wenig wissen, sondern weil sie sich auf das fokussieren, was zu ihrem Bild passt. Bewusst wahrzunehmen, welche Informationen zugelassen und welche möglicherweise ausgeblendet werden, verändert die Perspektive.

Kognitive Dissonanz – warum wir Widersprüche ausblenden

Jeder kennt das Gefühl, zwei Gedanken gleichzeitig zu haben, die eigentlich nicht zusammenpassen. Man weiß zum Beispiel, dass eine Entscheidung nicht optimal war, möchte sich aber trotzdem als jemand sehen, der vernünftig handelt. Um diese Spannung zu verringern, neigen wir dazu, unangenehme Informationen umzudeuten oder auszublenden.[67]

In der Geldanlage zeigt sich dieses Muster besonders deutlich. Ein Anleger weiß vielleicht, dass seine Bank eigene Interessen verfolgt, möchte aber gleichzeitig glauben, gut beraten zu sein. Anstatt den Widerspruch offen auszutragen, wird die kritische Information abgeschwächt. So bleibt das Bild erhalten: »Ich habe verantwortungsvoll gehandelt.«

Kognitive Dissonanz ist kein Fehler. Sie ist eine Form des Selbstschutzes, die hilft, innere Konflikte erträglicher zu machen. In finanziellen Fragen kann sie jedoch dazu führen, dass Anleger Warnsignale ignorieren oder an einmal getroffenen Entscheidungen zu lange festhalten. Die eigentliche Herausforderung besteht darin, diese Widersprüche nicht reflexhaft zu glätten, sondern sie bewusst als Hinweis auf einen möglichen Überprüfungsbedarf zu verstehen.

Ankereffekt – warum wir uns am Einstiegspreis festhalten

Viele Anleger orientieren sich unbewusst an Zahlen, die längst keine Bedeutung mehr haben. Ein klassisches Beispiel: Wer eine Aktie zu 100 Euro gekauft hat, hält diesen Wert für die »Messlatte«. Erst wenn der Kurs wieder in diese Nähe kommt, wird ein Verkauf ernsthaft erwogen – egal ob sich die Rahmenbedingungen längst verändert haben.

In einem berühmten Experiment von Amos Tversky und Daniel Kahneman sollten Versuchspersonen schätzen, wie hoch der Anteil afrikanischer Staaten in den Vereinten Nationen ist. Zuvor mussten sie ein Glücksrad drehen, das zufällig auf einer niedrigen oder hohen Zahl stehen blieb. Obwohl diese Zahl nichts mit der eigentlichen Frage zu tun hatte, orientierten sich die Schätzungen deutlich daran.[68]

Psychologen nennen das den *Ankereffekt*. Ein einmal gesetzter Startwert beeinflusst unser Urteil, selbst wenn er sachlich irrelevant ist.

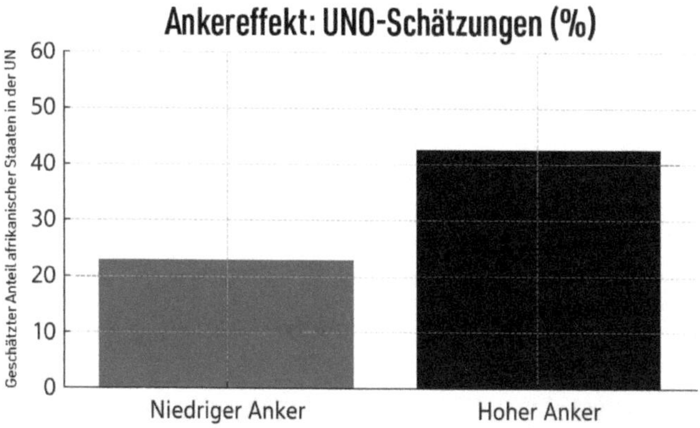

Abb. 3-1: Ankereffekt in der Urteilsbildung.
Tversky und Kahneman (1974) zeigten, dass zufällige Startwerte unsere Urteile verschieben können: Wer beim Glücksrad eine niedrige Zahl drehte, schätzte den Anteil afrikanischer Staaten in der UNO niedriger ein; hohe Zahlen führten zu höheren Schätzungen. In der Geldanlage entsteht ein vergleichbarer Effekt: Auch der ursprüngliche Kaufpreis wird oft zum Maßstab, obwohl er für die heutige Entscheidung keine Rolle spielt.

Das ist menschlich verständlich, denn niemand verkauft gern »unter Wert«. Doch der ursprüngliche Kaufkurs ist ökonomisch nicht relevant. Wichtig ist nur, ob eine Anlage heute noch zu den eigenen Zielen passt. Die Reflexion darf daher lauten, ob ich mich an alten Ankern orientieren will oder an den Bedingungen, die aktuell über Erfolg und Risiko entscheiden.

Herdentrieb – warum die Masse selten recht hat

Ende der 1990er-Jahre boomten Technologie- und Telekommunikationsaktien. Internetunternehmen ohne Gewinne erreichten Milliardennotierungen und selbst traditionsbewusste Privatanleger stürmten an die Börse. In Deutschland wurde die Aktie der Deutschen Telekom zur »Volksaktie« stilisiert, beworben von beliebten Schauspielern wie *Manfred Krug* und *Charles Brauer*, bekannt aus der Serie *Tatort*.[69]

Millionen Deutsche investierten erstmals in Aktien, viele aus Begeisterung über die vermeintlich neue Zeit. Der Börsengang 1996 war ein medialer Triumph: Binnen weniger Tage schien jeder mitreden zu wollen, die Kurse stiegen und der Glaube an grenzenloses Wachstum war allgegenwärtig.

Doch schon wenige Jahre später platzte die Dotcom-Blase. Der Nasdaq-Index verlor mehr als zwei Drittel seines Wertes und auch die Telekom-Aktie fiel dramatisch – von über 100 Euro auf zeitweise unter 10 Euro.[70] Für viele Kleinanleger wurde aus der »Volksaktie« ein Symbol enttäuschter Hoffnungen.

Der US-Ökonom *Robert J. Shiller*, späterer Nobelpreisträger, griff für solche Phasen den Begriff der »irrationalen Überschwänglichkeit« (*irrational exuberance*) auf. In seinem gleichnamigen Werk[71] beschreibt er, wie kollektive Euphorie und soziale Ansteckung systematisch zu Fehlbewertungen führen – ein Mechanismus, der sich in nahezu jeder Spekulationsblase wiederfindet. Menschen orientieren sich am Verhalten der Masse, selbst wenn die Fakten dagegensprechen. Das gilt an der Börse ebenso wie im Immobilienmarkt oder bei Hypes um neue Anlageklassen.

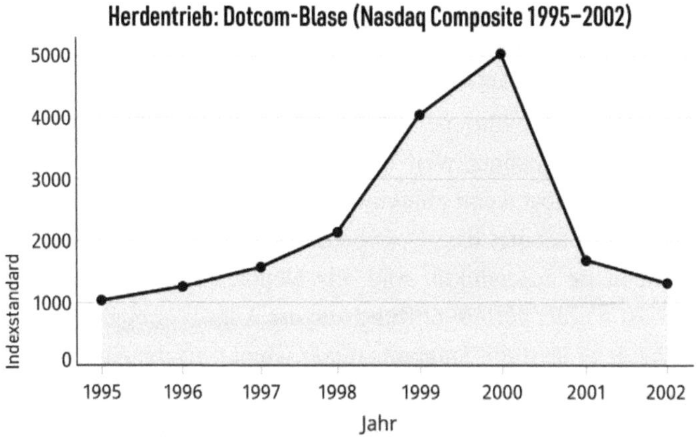

Abb. 3-2: Herdentrieb an den Finanzmärkten – Dotcom-Blase (Nasdaq 1995–2002).

Der Verlauf zeigt den typischen Zyklus spekulativer Übertreibungen: kollektiver Aufstieg, übersteigertes Vertrauen, plötzlicher Einbruch. Shiller (2015) beschreibt diese Phase als Paradebeispiel für »irrationale Überschwänglichkeit«. Ähnliche Muster traten später auch am US-Immobilienmarkt (2007/08) und bei Kryptowährungen (2017, 2021) auf.

Das Muster bleibt gleich: kollektiver Aufstieg, übersteigertes Vertrauen, plötzlicher Einbruch. Wer sich dessen bewusst ist, erkennt, dass »alle machen mit« kein Argument für eine Anlageentscheidung ist, sondern vielmehr ein Warnsignal sein kann.

Status-quo-Bias – warum wir lieber alles beim Alten lassen

Viele Menschen behalten jahrelang denselben Stromanbieter oder denselben Handytarif, obwohl sie wissen, dass ein Wechsel günstiger wäre. Der Gedanke an Aufwand, Unsicherheit oder mögliche Fehler führt dazu, dass sie beim Bestehenden bleiben.

Genau dieses Muster wirkt auch in der Geldanlage. *Samuelson* und *Zeckhauser* beschrieben es als *Status-quo-Bias*: Menschen bevorzugen das Bekannte, weil Veränderungen als riskanter empfunden werden, selbst wenn objektiv bessere Alternativen vorliegen.[72] Für Anleger bedeutet das: Bestehende Strukturen wirken stabiler, auch wenn sie unproduktiv sind. Ein Depot, das seit Jahren nicht angepasst wurde, vermittelt Ruhe und die Angst vor einer falschen Entscheidung lässt die Trägheit stärker wiegen als die Aussicht auf Verbesserung.

Das ist verständlich, denn Vertrautheit gibt Sicherheit. Doch die zentrale Frage lautet, ob das Beibehalten wirklich schützt oder ob es nur verhindert, dass sich das Vermögen weiterentwickelt.

Ein typisches Beispiel dafür ist der Bausparvertrag, ein Relikt aus der Nachkriegszeit, das sich erstaunlich hartnäckig hält. Er galt einst als Symbol für Stabilität und Eigenverantwortung, als Weg zum Eigenheim in einer planbaren Welt. Doch die Rahmenbedingungen von damals existieren heute nicht mehr. In vielen aktuellen Tarifen liegen die Guthabenzinsen in der Sparphase nur bei etwa 0,1 Prozent pro Jahr.[73] Parallel dazu lagen die Inflationsraten 2022 und 2023 im Bereich von rund 6 bis 8 Prozent.[74] Unter dem Strich verliert das angesparte Geld damit real an Kaufkraft – die vermeintliche Sicherheit wird mit schleichender Entwertung bezahlt. Gleichzeitig bleibt das Kapital oft über Jahre blockiert. Wer schließlich das Bauspardarlehen nutzt, erhält Konditionen, die kaum besser sind als marktübliche Angebote, häufig sogar schlechter.

Der Bausparvertrag funktioniert damit weniger als Finanzprodukt, sondern als psychologisches Sicherheitsnetz. Er bietet Vertrautheit in einer sich wandelnden Welt. Und genau das macht ihn so langlebig. Doch Stabilität entsteht nicht aus Stillstand. In einer veränderten Wirtschaftsrealität kann das Festhalten am Vertrauten bedeuten, dass das Vermögen unbemerkt an Wert verliert.

Bequemlichkeit – warum wir kognitiven Aufwand meiden

Psychologen um den US-amerikanischen Kognitions- und Neurowissenschaftler *Matthew Botvinick* baten Versuchspersonen, Aufgaben mit unterschiedlichem Schwierigkeitsgrad zu lösen. Das Ergebnis war eindeutig: Sobald eine leichtere Option verfügbar war, wählten die meisten diese, selbst wenn die schwierigere langfristig mehr Nutzen brachte.[75]

Dieses Prinzip lässt sich direkt auf Geldentscheidungen übertragen. Viele Anleger beschäftigen sich ungern mit komplexen Produkten oder neuen Konzepten. Verträge vergleichen, Geschäftsmodelle prüfen, Risiken abwägen – all das erfordert Zeit und geistige Energie. Bequemer ist es, beim Bekannten zu bleiben oder Verantwortung an Dritte zu delegieren.

Bequemlichkeit ist menschlich. Doch sie hat ihren Preis. In der Geldanlage bedeutet sie oft, dass Chancen ungenutzt bleiben und notwendige Entscheidungen vertagt werden. Bewusstes Handeln beginnt dort, wo zusätzlicher Denkaufwand als Investition verstanden wird.

Mentales Konto – warum Geld unterschiedliche Gesichter hat

Eine Bonuszahlung vom Arbeitgeber fühlt sich oft wie »Spielgeld« an, mit dem man sich etwas gönnen darf, zum Beispiel einen Urlaub oder ein neues Möbelstück. Wenn dieselbe Summe aber als Steuernachzahlung hereinkommt, wird sie sofort als ernstes Kapital behandelt. Ökonomisch ist es derselbe Betrag, psychologisch aber nicht.

Richard Thaler hat dieses Phänomen als *Mental Accounting* beschrieben: Menschen ordnen Geld in gedankliche Schubladen ein – Gehalt, Bonus, Geschenk, Rückzahlung – und behandeln es je nach Kategorie unterschiedlich.[76] Ein Euro unterscheidet sich nicht von einem anderen Euro. Geld ist austauschbar. Dennoch schreiben wir ihm subjektive Bedeutungen zu, die unsere Entscheidungen prägen. Dieses Muster zeigt sich nicht nur im Alltag, sondern auch bei der Geldanlage. Kapital, das langfristig gebunden ist, wird emotional oft als »verloren« verbucht, während frei verfügbare Mittel ein Gefühl von Kontrolle vermitteln. So entstehen Entscheidungen, die weniger an ökonomischen Zielen ausgerichtet sind, sondern an der psychologischen »Schublade«, in die wir das Geld gelegt haben.

Das macht *Mental Accounting* verständlich, aber auch riskant. Denn wer bei Geld in Kategorien denkt, die nichts mit den realen Chancen oder Gefahren einer Anlage zu tun haben, läuft Gefahr, Potenziale zu verschenken. Wer diese inneren Ordnungssysteme jedoch reflektiert, erweitert seinen Handlungsspielraum.

Negativity Bias – warum das Negative stärker wirkt als das Positive

Der *Negativity Bias* betrifft nicht nur reale Verluste, sondern bereits die Wahrnehmung von Risiken. Negative Schlagzeilen, düstere Prognosen oder einzelne Krisenmeldungen erhalten im Denken oft ein überproportionales Gewicht.

Die Sozialpsychologen *Rozin* und *Royzman* haben diesen Effekt untersucht und gezeigt, dass negative Informationen eine größere Rolle bei Urteilen, Erinnerungen und Entscheidungen spielen.[77] Für Anleger bedeutet das, dass Nachrichten über Krisen, Skandale oder Verluste stärker nachwirken als positive Entwicklungen, selbst wenn Letztere überwiegen.

Dieser Mechanismus hatte evolutionsgeschichtlich eine Schutzfunktion: Gefahren ernst zu nehmen, erhöht die Überlebenschancen. In der Geldanlage jedoch kann er dazu führen, dass Risiken überbetont und Chancen systematisch unterschätzt werden. Ein ausgewogenes Urteil entsteht erst dann, wenn negative Informationen eingeordnet statt übergewichtet werden.

Genau hier zeigt sich die eigentliche Herausforderung: Psychologische Muster wirken selten isoliert. Sie greifen ineinander, überlagern sich und beeinflussen Entscheidungen oft stärker, als uns bewusst ist. Viele dieser Verzerrungen bleiben im Alltag unsichtbar, weil sie sich nicht in einem einzelnen Moment zeigen, sondern in der Art, wie wir unser Vermögen über längere Zeiträume strukturieren. Erst wenn man persönliche Ziele und tatsächliche Wirkmechanismen nebeneinanderlegt, wird erkennbar, wo Annahme und Realität auseinanderdriften können. Ein praktisches Beispiel verdeutlicht, wie leicht eine solche zeitliche Schieflage entsteht, selbst dann, wenn alle Entscheidungen für sich genommen plausibel erscheinen.

Wenn Zeit und Vermögen nicht denselben Plan verfolgen

Eva ist 50 und denkt gern voraus. Ihr Ziel ist klar: Ab dem 60. Lebensjahr möchte sie beruflich kürzertreten, mehr Freiraum für Reisen und neue Projekte haben und die Zeit bis zur regulären Rente bewusst gestalten. Dafür kalkuliert sie einen monatlichen Bedarf von etwa 3.000 Euro. Als sie ihre Vermögensstruktur betrachtet, wirkt zunächst alles geordnet. Zwei klassische Rentenversicherungen im Gesamtwert von 350.000 Euro sollen später ein solides Fundament bilden. Rund 280.000 Euro liegen in einem breit gestreuten Aktienfonds, den sie seit 15 Jahren bespart. Zusätzlich hält sie 180.000 Euro auf einem Tagesgeldkonto, um »für die nächsten Jahre flexibel zu bleiben«.

Bei einer nüchternen Betrachtung der Zeitachsen zeigt sich jedoch, wie stark Ziel und Vermögensstruktur auseinanderfallen können. Die beiden Rentenversicherungen werden erst ab 67 ausgezahlt und spielen für die Übergangsphase keinerlei Rolle. Der Aktienfonds ist langfristig ausgerichtet; ihn genau dann zu verkaufen, wenn die Märkte ungünstig stehen, kann den Effekt vieler Sparjahre empfindlich schwächen. Und die Liquiditätsreserve reicht nicht aus, um die gesamte Phase zwischen 60 und 67 zu tragen, zumal die Kaufkraft über die Jahre abnimmt.

Rechnet man diese sieben Jahre durch, benötigt Eva rund 250.000 Euro. Ihr Vermögen könnte diese Summe vielleicht bereitstellen, jedoch nicht in der gegenwärtigen Struktur. Die Bausteine, auf die sie vertraut, wirken schlicht in einem anderen Zeithorizont als der, den sie sich für ihr Leben vorgenommen hat.

Evas Beispiel macht deutlich, wie wichtig es ist, Vermögensentscheidungen nicht nur nach Kategorien, sondern nach Zeitlogiken zu betrachten. Es zeigt auch, wie leicht psychologische Muster wie das Festhalten an Vertrautem oder das Ausblenden zeitlicher Konsequenzen zu Planungsfehlern führen können, ohne dass man bewusst »etwas falsch macht«.

Unsere psychologischen Muster lassen sich nicht einfach abschalten. Sie wirken leise im Hintergrund und prägen viele Entscheidungen stärker, als uns bewusst ist. Wer sie erkennt, gewinnt jedoch Abstand – und mit diesem Abstand entsteht Gestaltungsspielraum. Vermögensstruktur beginnt daher nicht erst im Portfolio, sondern im Denken.

Vermögensbewusstsein statt Systemvertrauen

Im vorherigen Kapitel stand im Mittelpunkt, wie psychologische Muster dazu führen können, dass Anleger Chancen übersehen oder an vertrauten Strukturen festhalten. Nun richtet sich der Blick nach außen: auf das System selbst, in dem Vermögen heute verwaltet wird.

Viele Anleger, die sich selbst als vorsichtig oder konservativ einschätzen, erkennen erst bei einer nüchternen Betrachtung, wie abhängig ihre Vermögensstruktur tatsächlich von äußeren Rahmenbedingungen ist. Ein Beispiel verdeutlicht das.

Ralf, 58, galt lange als »solide« aufgestellt. Ein nennenswertes Liquiditätspolster auf mehreren Bankkonten, zwei vermietete Wohnungen im Wert von rund einer halben Million Euro und ein ETF-Depot, das er über Jahre hinweg diszipliniert bespart hatte. Die Struktur wirkte vertraut, überschaubar und vor allem ruhig.

Doch das Umfeld änderte sich – erst langsam, dann spürbar. In der Niedrigzinsphase der vergangenen Jahre musste er, wie viele andere, eine Vereinbarung zum Verwahrentgelt unterschreiben. Damals war das irritierend, aber nachvollziehbar: Es war eine Konsequenz der geldpolitischen Lage, nicht seiner persönlichen Entscheidungen. Heute, in einer Phase deutlich höherer Zinsen, zeigt sich dieselbe Struktur in einem völlig anderen Licht. Die gestiegenen Finanzierungskosten drücken auf den Immobilienmarkt, die Bewertungen seiner Wohnungen sind gesunken, während gleichzeitig die gesamtwirtschaftliche Unsicherheit die Entwicklung seiner ETF-Positionen schwankungsanfälliger macht.

Ralf bemerkte an diesem Punkt etwas, das vielen entgeht: Seine Struktur fühlte sich konservativ an, war aber in Wahrheit stark von politischen und geldmarktgetriebenen Rahmenbedingungen abhängig. Nicht weil er »riskant« investiert hätte, sondern weil die vermeintlich sicheren Bausteine alle in ähnlicher Weise am selben System hingen. Seine Erfahrung zeigt, wie trügerisch Stabilität wirken kann, wenn sie allein aus Vertrautheit entsteht. Sie macht deutlich, warum Vermögensbewusstsein mehr verlangt als die intuitive Einschätzung, »gut aufgestellt« zu sein. Es geht darum zu verstehen, wie Vermögenswerte in unterschiedlichen wirtschaftlichen Regimen reagieren, und welche Abhängigkeiten oft erst sichtbar werden, wenn sich die äußeren Bedingungen ändern.

Dieses Kapitel lädt dazu ein, institutionelles Vertrauen durch Vermögensbewusstsein zu ersetzen – als Grundlage für Eigenverantwortung, Selbstbestimmung und die Gewissheit, das eigene Vermögen bewusst und zielgerichtet zu gestalten. Wer Vermögensbewusstsein entwickelt, erkennt die Zeichen der Zeit früher. Der Schritt vom Vertrauen in äußere Sicherheiten hin zu eigener Gestaltungskraft beginnt mit dem Verstehen, wie brüchig die Fassade des Systems geworden ist.

Die Fassade bröckelt

Über Jahrzehnte konnten sich Anleger auf stabile Spielregeln verlassen: kalkulierbare Zinsen, moderate Inflation, berechenbare Regulierung. Diese Grundlage hat sich verändert. Diskussionen über ein europäisches Vermögensregister[78], neue Eingriffsmöglichkeiten durch die EU-Richtlinie 2024/1260 zur Einziehung von Vermögenswerten[79] oder die Einführung digitaler Zentralbankwährungen[80] zeigen, dass die Mechanismen staatlichen Zugriffs kontinuierlich erweitert werden. Parallel dazu diskutiert die EU die Einführung einer europäischen E-ID, die künftig für Finanztransaktionen, Behördenkontakte und alltägliche Dienstleistungen genutzt werden soll.[81] Was als Vereinfachung gedacht ist, schafft zugleich eine zentrale Schnittstelle, die Kontrolle und Nachverfolgbarkeit erleichtert. Hinzu kommen Bargeldobergrenzen: Barzahlungen über 10.000 Euro sind innerhalb der EU bereits untersagt, in mehreren Mitgliedstaaten gelten noch niedrigere Limits. In politischen Debatten wird zunehmend auch ein vollständiges Bargeldverbot erörtert.[82]

In Kombination mit der geplanten Einführung des digitalen Euro entsteht so ein Instrumentarium, das Zahlungsströme vollständig erfassbar macht. Für Anleger folgt daraus: Bargeld und Bankguthaben dienen künftig weniger als unabhängige Reserve, sondern das Thema Vermögensarchitektur rückt in den Mittelpunkt. Transformation entsteht aus der Erkenntnis, dass, wer die Vergangenheit liest, die Gefahren der Gegenwart versteht und Orientierung für die Zukunft gewinnt.

Historische Lehren: Wenn Systeme kippen

Die Geschichte zeigt, dass Vertrauen in bestehende Finanzsysteme oft erst dann hinterfragt wird, wenn es zu spät ist. Zwei Fallbeispiele verdeutlichen, wie schnell scheinbare Gewissheiten ins Wanken geraten können und welche Parallelen sich zu heutigen Entwicklungen ziehen lassen.

Weimar 1923: Hyperinflation

Nach dem Ersten Weltkrieg verschärften Reparationen, politische Unsicherheit und die Besetzung des Ruhrgebiets die ohnehin fragile Lage.[83] Um die Staatsausgaben zu finanzieren, griff die Regierung zur Notenpresse. Anfang 1923 lag der Dollarkurs bei rund 17.000 Mark; im November desselben Jahres stieg er auf 4,2 Billionen Mark. Ein Brot kostete im Januar etwa 250 Mark, im November über 200 Milliarden Mark.[84]

Für die Bevölkerung war dies ein Schock ohne Vorwarnung. Viele hielten ihre Sparguthaben und Lebensversicherungen noch im Frühjahr 1923 für unangreifbar. Wenige Monate später waren sie praktisch wertlos.[85] Wer dagegen Immobilien, Edelmetalle oder Warenlager besaß, konnte Kaufkraft erhalten.

Die Parallele zu heute liegt im Mechanismus: Vertrauen kann unter Druck geraten, wenn politische und ökonomische Prioritäten sich verschieben. Während frühere Krisen abrupt wirkten, vollzieht sich Entwertung heute oft schleichend. Eine belastbare Vermögensstruktur berücksichtigt diese Dynamik und baut bewusst auf Elemente, die nicht ausschließlich von staatlichen Rahmenbedingungen abhängen.

Bretton Woods 1971: Der Nixon-Schock

Seit 1944 galt das *Bretton-Woods-System* als Anker globaler Stabilität. Der US-Dollar war fest an den Goldpreis gebunden: Eine Feinunze Gold entsprach 35 US-Dollar. Für Anleger war dies die ultimative Sicherheit, so solide wie das Metall selbst.

Am 15. August 1971 erklärte US-Präsident *Richard Nixon* überraschend, dass die Goldkonvertibilität des US-Dollars gegenüber ausländischen Zentralbanken »vorübergehend« ausgesetzt werde.[86] Was als technische Maßnahme präsentiert wurde, führte in wenigen Jahren zum Ende fester Wechselkurse. Der »temporäre Eingriff« markierte eine dauerhafte Systemwende und führte damit zu einer Zäsur für Märkte und Vermögen weltweit.

Die Parallele zur Gegenwart ist greifbar: Auch heute werden Eingriffe als »administrative Anpassungen« oder »Vereinfachungen« dargestellt, etwa Vermögensregister, Einziehungsrichtlinien, digitale Zentralbankwährungen, E-ID oder Bargeldobergrenzen, wie im vorigen Abschnitt dargestellt. Jeder Schritt für sich wirkt begrenzt, zusammengenommen entsteht jedoch ein Instrumentarium, das den Zugriff auf Vermögen umfassend ermöglicht. Die Lehre aus 1971 lautet: Selbst scheinbar temporäre Eingriffe können der Auftakt einer neuen Epoche sein. Transformation bedeutet, diese Möglichkeit in die eigene Planung einzubeziehen und Strukturen so zu gestalten, dass Vermögen nicht allein auf die Versprechen des Systems angewiesen ist.

Warum Banken keine unabhängige Beratung leisten können

Viele Anleger verlassen sich auf die Beratung ihrer Hausbank. Banken handeln jedoch als interessengeleitete Akteure. Ihr Geschäftsmodell beruht auf Fristentransformation, Margengeschäften und Bilanzverlängerung und darauf, Kundengelder innerhalb der eigenen Struktur zu halten. Entsprechend prägen hauseigene Produkte, interne Vorgaben und Provisionsmodelle die Empfehlungen.

Selbst im Private Banking bewegen sich Lösungen meist innerhalb institutioneller Standards. Eigentumsbasierte Sachwerte, internationale Lagerorte oder Investitionen außerhalb des Bankensystems stehen seltener im Fokus.

Als Folge halten Anleger ihr Portfolio für breit aufgestellt, tatsächlich aber konzentrieren sich die Risiken. Die Finanzkrise 2008 und die Zypern-Krise 2013 haben gezeigt, wie eng Marktverluste und politische Eingriffe zusammenwirken können.

Portfolio-Fallen aus der Praxis

Ein typisches Beispiel: Ein Anleger hält einen Mix aus deutschen Immobilienfonds, Unternehmensanleihen europäischer Konzerne, einem DAX-ETF und einem Geldmarktfonds bei einer deutschen Großbank. Dieser Aufbau wirkt breit. In der Praxis zeigt sich eine enge Kopplung:

- Starke Abhängigkeit von der EZB-Zinspolitik
- Regulierung und Rechtsraum vollständig im Euro-System
- Verwahrung bei deutschen Finanzinstituten
- Gleichlauf in Stressphasen

Ein weiteres Beispiel: Ein Unternehmer verkauft seine Firma, erhält 1,2 Millionen Euro und folgt dem Vorschlag des Private Banking, in drei ESG-gekennzeichnete Fonds, also Fonds mit Nachhaltigkeits- und Governance-Kriterien, zu investieren. Der Zugang zu realen Werten bleibt indirekt, die Gebühren steigen kontinuierlich und die Rendite liegt nach drei Jahren unter der Inflation. Ergebnis: formale Diversifikation, aber geringe Resilienz.

Der Wandel vom Konsumenten zum Gestalter zeigt sich besonders in der Frage der Diversifikation. Statt passiv zu übernehmen, was Banken und Versicherungen vorgeben, erfordert Vermögensbewusstsein eine eigene Architektur, und das über Anlageklassen, Regionen und Systeme hinweg.

Was echte Diversifikation bedeutet

Viele Portfolios wirken auf den ersten Blick breit aufgestellt. Ein ETF auf den MSCI World, dazu eine vermietete Immobilie und etwas Gold im Bankschließfach – so entsteht das Gefühl von Sicherheit. Bei genauer Betrachtung zeigt sich jedoch eine enge Abhängigkeit: Der MSCI World bündelt rund 72 Prozent seines Volumens in den USA (Stand: September 2025)[87], Immobilienwerte sind meist im Euroraum konzentriert, Gold wird im gleichen Rechtsraum verwahrt. Drei Bausteine und dennoch ein Klumpenrisiko, weil Währung, Rechtsordnung und Politik dieselbe Basis bilden.

Echte Diversifikation setzt tiefer an. Sie betrachtet nicht nur die Anzahl der Positionen, sondern auch die Qualität der Unabhängigkeit. Dafür sind vier Dimensionen entscheidend:

1. **Anlageklassen:** Aktien, Anleihen, Immobilien, Rohstoffe, Liquidität. Jede reagiert unterschiedlich auf Inflation, Zinsänderungen und Konjunkturzyklen.

2. **Rechtsräume:** Ein Portfolio ausschließlich im Euroraum ist ebenso fragil wie eines, das nur auf die USA setzt. Politische Entscheidungen können innerhalb eines Rechtsraums gleichzeitig alle Werte betreffen.[88]

3. **Währungen:** Eine breite Aufstellung bedeutet, auch in US-Dollar, Schweizer Franken oder physischem Gold zu denken, nicht nur in Euro. Studien zur Währungsdiversifikation zeigen, dass eine breitere Aufstellung über verschiedene Leitwährungen hinweg dazu beitragen kann, das Risiko-Rendite-Profil eines internationalen Portfolios zu verbessern, weil die Wertentwicklung einzelner Anlagen weniger im Gleichlauf erfolgt.[89]

4. **Eigentumsformen:** Wer Geld auf dem Konto hält, besitzt nicht das Geld selbst, sondern einen Anspruch gegen die Bank. Ähnlich funktionieren viele Finanzprodukte: Sie gewähren Rechte und Ansprüche, aber keinen unmittelbaren Zugriff auf einen greif-

baren Vermögensgegenstand.[90] Eigentum an einem Sachwert bedeutet dagegen, direkt über diesen verfügen zu können, und zwar unabhängig von der Zahlungsfähigkeit eines Intermediärs.

Praktisch lässt sich das am Beispiel eines Unternehmers veranschaulichen, der seine Rücklagen von 500.000 Euro investiert.

Variante A folgt dem klassischen Muster: 300.000 Euro Immobilienfonds, 150.000 Euro ETFs, 50.000 Euro Goldzertifikate. Formal diversifiziert. Diese Variante ist in der Realität stark vom Euro, von den Immobilienpreisen und von den Aktienmärkten abhängig.

Variante B strukturiert anders: 200.000 Euro in Beteiligungen außerhalb der EU, 150.000 Euro in physischem Gold und Silber in Schweizer Lagerstätten, 100.000 Euro in einer Genossenschaftsbeteiligung mit quartalsweiser Ausschüttung, 50.000 Euro liquide Reserve in Fremdwährung. Weniger »bunt« aus Sicht der Bank, aber deutlich robuster gegen Schocks, weil unterschiedliche Rechtsräume, Eigentumsarten und Ertragsquellen verbunden sind.

Früher galt die sogenannte Drei-Speichen-Regel: Ein Drittel des Vermögens wurde in Immobilien investiert, ein weiteres in Beteiligungen und ein drittes in Edelmetalle beziehungsweise Rohstoffe. Heute tritt an ihre Stelle ein resilienzorientierter Ansatz, der Substanzwerte, internationale Streuung und Liquidität in einer dynamischen Balance hält.

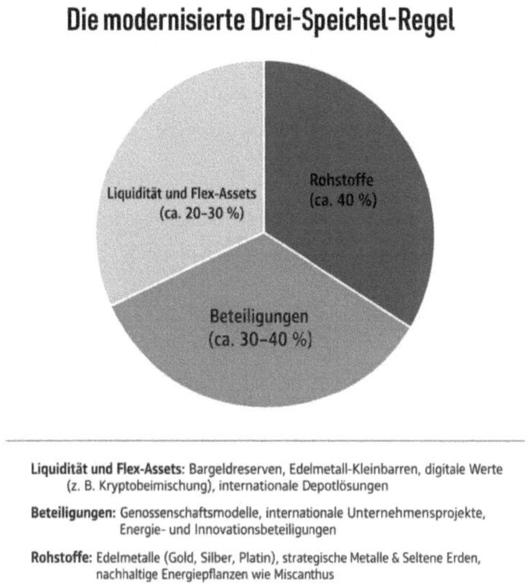

Abb. 4-1: Modernisierte Drei-Speichen-Regel

Die klassische Drei-Speichen-Regel empfahl eine starre Drittelaufteilung. Die modernisierte Variante löst sich von festen Prozentwerten und stellt auf Resilienz ab: eine Kombination aus Substanzwerten, internationaler Streuung und Liquidität. Sie berücksichtigt, dass heutige Vermögensarchitektur flexibler auf politische, wirtschaftliche und währungsbezogene Risiken reagieren muss.

Diversifikation bedeutet in diesem Verständnis nicht das bloße Ansammeln möglichst vieler Produkte, sondern die bewusste Gestaltung finanzieller Unabhängigkeit. Sie zielt nicht auf Vielfalt um der Vielfalt willen ab, sondern auf strukturelle Robustheit. Es kommt also darauf an, wie eng das Vermögen an einen einzelnen Rechtsraum gekoppelt ist, welche Positionen Forderungscharakter haben und welche echtes Eigentum darstellen. Ebenso relevant ist die eigene Liquidität im Fall politischer Eingriffe.

Diese Perspektive markiert den Übergang vom reinen Finanzkonsumenten zum Gestalter der eigenen Vermögensstruktur. Wer Diversifikation auf diese Weise versteht, baut nicht lediglich ein Wertpapierdepot auf, sondern ein System finanzieller Resilienz.

Alternative Anlageklassen im Überblick

Dafür braucht es einen klaren Blick auf die verfügbaren Bausteine. Die folgende Übersicht ist keine Empfehlung, sondern eine Orientierungshilfe: Sie zeigt, welche Anlageklassen überhaupt existieren, wie sie sich voneinander unterscheiden und wo ihre Chancen und Grenzen liegen. In den folgenden Kapiteln werden wir ausgewählte Sachwertanlagen vertiefen, die sich durch besondere Eignung für eine resiliente Vermögensarchitektur auszeichnen. Die Übersicht dient damit als Landkarte, nicht als Einkaufsliste.

Anlageklasse	Ertragsquelle	Vorteil	Herausforderung
Miscanthus (Energiepflanze)	Ernte, Absatz über Genossenschaft	Planbare Erträge, Versicherungsschutz	Partnerwahl, Standortprüfung
Edelmetalle	Wertspeicherung, Krisenschutz	Inflationsresistenz, bankenunabhängig	Lagerung, Versicherung, keine laufenden Erträge
Technologiemetalle	Industrielle Nachfrage	Zukunftsrelevanz, strategische Bedeutung	Markttransparenz, politische Risiken
Öl-Beteiligungen	Gewinnbeteiligung aus Förderung	Attraktive Cashflows, inflationsnah	Rechtliche Struktur, Marktpreisrisiken

Diamanten	Wertdichte, Krisenwährung	Hohe Mobilität, diskrete Lagerung	Bewertung, Liquidität, Zertifikate
Kunst und Designobjekte	Marktwertsteigerung	Kulturelle Wertigkeit, Seltenheit	Bewertung, Fälschungsrisiken, Illiquidität
Oldtimer und Uhren	Sammlerwert, Liebhaberpreise	Inflationsschutz, geringe Korrelation	Spezialwissen, Marktzyklen, Liquidität
Kryptowährungen	Kursentwicklung, Technologie	Digitale Unabhängigkeit, Innovation	Volatilität, Sicherheitsrisiken, Regulierung
Mikrofinanz/ Faire Kredite	Rückzahlung und Zinsen	Sozialer Impact, Zinseinnahmen	Plattformwahl, Ausfallrisiken
Auslandsimmobilien	Mieteinnahmen, Wertentwicklung	Diversifikation nach Region/ Währung	Marktkenntnis, Rechtssystem, Verwaltung
Wald-/Forstbeteiligungen	Holzertrag, CO_2-Zertifikat	Langfristiger Substanzwert, Öko-Komponente	Pflegeaufwand, Illiquidität

Prüffragen für die eigene Struktur

Zur Einschätzung der eigenen Aufstellung haben sich einige Leitfragen bewährt:

1. Wie hoch ist der Anteil des Vermögens, der vollständig im Bankensystem liegt?
2. Welche Folgen hätte eine grundlegende Veränderung des Euro-Systems für die eigene Struktur?
3. Besteht direkter Zugriff auf Werte oder ausschließlich indirekter Zugang über Intermediäre?
4. Entstehen planbare Erträge oder dominiert Hoffnung auf Kursbewegungen?
5. Wie hoch ist die Liquidität im Notfall, mit möglichst geringem Abschlag?

Für die Beurteilung der Qualität einer Anlage sind klare Maßstäbe erforderlich. Im Kapitel »Das Perpetuum mobile des Vermögens« werden sieben Grundprinzipien vorgestellt, die als verlässlicher Kompass dienen.

Der blinde Fleck in der Finanzbildung

Das Wissen, das für eine eigenständige Vermögensarchitektur notwendig ist, wird in klassischen Bildungswegen kaum vermittelt. Lehrpläne konzentrieren sich auf Konten, Sparpläne und gesetzliche Vorsorge. Fragen von Eigentumsrechten, internationaler Lagerung oder der Analyse von Verträgen und Bilanzen bleiben weitgehend unberührt. Die OECD zeigt: Deutsche Anleger bewegen sich bei Finanzkompetenz im internationalen Vergleich im Mittelfeld, besonders bei Themen wie Inflation, Diversifikation und Risikoabschätzung.[91]

Wer echte Unabhängigkeit erreichen will, muss sich dieses Wissen bewusst aneignen. Kompetenzen wie Substanzwerte zu erkennen, Standorte zu vergleichen oder Verträge zu verstehen, schaffen die Grundlage für Selbstbestimmung und machen Vermögensbewusstsein wirksam. Und das beginnt mit der Erkenntnis, dass Sicherheit kein Zustand, sondern ein Prozess ist. Viele Menschen spüren, dass sie ihre Strukturen neu ordnen müssten, doch die Richtung ist oft unklar. Der nächste Schritt besteht darin, die Bausteine zu kennen, aus denen echte Stabilität entsteht.

Ein weiterer blinder Fleck liegt im Verständnis von Zeit. Während in Bildungssystemen viel über Sparformen, Zinssätze oder Produkte gesprochen wird, fehlt fast vollständig das Wissen darüber, wie entscheidend Zeiträume für die Wirkung einer Anlage sind. Finanzmärkte reagieren in Tagen oder Wochen, reale Wertschöpfung entfaltet sich in Jahren. Diese Diskrepanz führt häufig zu Fehlentscheidungen, weil einem Investment oft nicht genug Zeit eingeräumt wird, seine strukturelle Logik zu entfalten.

Viele Anlagefehler entstehen aus falschen Erwartungen. Wer nur kurzfristige Bewegungen betrachtet, hält Volatilität für Risiko. Wer versteht, dass manche Anlagen zyklisch wirken, erkennt dagegen, dass Schwankungen keine Störung, sondern Teil des Prozesses sind. Zeit ist damit nicht einfach ein Rahmen, sondern eine aktive Komponente einer Vermögensarchitektur: Sie entscheidet, ob Liquidität, Stabilität oder Wachstum im Vordergrund stehen.

Eine wirksame Vermögensstruktur erkennt genau diese unterschiedlichen Zeitdimensionen an. Kurzfristige Mittel sichern Handlungsfähigkeit, mittelfristige Anlagen erzeugen Erträge, langfristige Bausteine schaffen Substanz und Wertentwicklung. Wer Zeiträume bewusst gestaltet, reduziert Entscheidungsdruck und stellt Weichen, die nicht nur heute sinnvoll sind, sondern auch in zehn oder zwanzig Jahren Bestand haben. Finanzielle Selbstbestimmung erfordert neben Wissen über Strukturen und Zeiträume auch die Fähigkeit, Angebote einzuordnen. Sachwerte wirken nur dann wie geplant, wenn die Grundlagen dahinter tragfähig sind. Bevor wir uns einzelnen Anlageformen zuwenden, lohnt ein Blick auf die Kriterien ihrer Belastbarkeit.

So erkennen Sie seriöse Sachwertoptionen

Die größte Illusion moderner Anleger besteht darin zu glauben, Seriosität ließe sich auf den ersten Blick erkennen. Ein edler Prospekt, eine perfekt gestaltete Website oder ein Zertifikat mit Gütesiegel vermitteln Professionalität – aber nicht zwingend Substanz. Wirklich relevant sind meist die Faktoren unter der Oberfläche: die Menschen hinter dem Angebot, die Vertragsstruktur und die Logik der Wertschöpfung. Seriöse Anbieter erkennt man nicht an ihrem Auftritt, sondern an ihrer Transparenz. An der Bereitschaft, Risiken klar zu benennen, Fragen präzise zu beantworten und relevante Daten zugänglich zu machen. Nicht das Fehlen von Unsicherheit ist entscheidend, sondern der Umgang damit.

Viele Anleger wissen, dass sie breiter streuen müssen, dass Geld auf Konten an Wert verliert und klassische Produkte kaum Schutz bieten. Doch zwischen dieser Einsicht und der Auswahl eines verlässlichen Partners liegt die eigentliche Aufgabe: die Fähigkeit, Substanz von Inszenierung zu unterscheiden.

Dieses Kapitel zeigt, worauf professionelle Prüfer achten. Es beschreibt, welche Merkmale belastbare Sachwertanlagen kennzeichnen, wo typische Fehleinschätzungen entstehen und warum gerade vermeintlich »geprüfte« Angebote häufig eher ein Gefühl von Sicherheit erzeugen als echte Sicherheit selbst.

Warum Seriosität kein Siegel ist

Im Finanzjargon wimmelt es von Begriffen, die Sicherheit suggerieren: geprüft, zertifiziert, BaFin-konform, testiert. Doch kaum jemand weiß, was diese Wörter tatsächlich bedeuten und was nicht.

Die *Bundesanstalt für Finanzdienstleistungsaufsicht (BaFin)* reguliert Banken, Versicherer und Wertpapierfirmen sowie den Handel mit Finanzinstrumenten. Ihre Aufgabe ist es, die Stabilität und Funktionsfähigkeit des Finanzsystems zu sichern – nicht einzelne Produkte inhaltlich zu bewerten. Prospekte werden überwiegend formal geprüft. Ob ein Angebot wirtschaftlich sinnvoll kalkuliert ist oder ob die Ertragserwartungen realistisch sind, fällt nicht in ihren Prüfauftrag.

Beim reinen Kauf physischer Sachwerte wie Edelmetallen oder technologischen Rohstoffen greift die BaFin-Aufsicht in der Regel nicht. Sie wird erst zuständig, wenn solche Konstruktionen als Finanzinstrument oder Vermögensanlage ausgestaltet sind. Und selbst dann bezieht sich die Prüfung vor allem auf die rechtliche Form, nicht auf die Qualität des Geschäftsmodells.[92]

Die BaFin bestätigt nicht die Tragfähigkeit eines Geschäftsmodells, sondern prüft ausschließlich, ob ein Verkaufsprospekt formal vollständig ist. Sie beurteilt weder Ertragsmodelle noch die Plausibilität von Annahmen. Genau deshalb ist die Formulierung »BaFin-geprüft« in der Werbung irreführend. Europäische Aufsichtsbehörden weisen ausdrücklich darauf hin, dass Marketingaussagen keine inhaltliche Billigung durch die Behörde suggerieren dürfen. Ein solcher Eindruck kann abgemahnt werden.[93]

Echte Seriosität beginnt also jenseits der Aufsicht, im Handeln der Anbieter selbst. Das Fehlen einer behördlichen Kontrolle bedeutet nicht automatisch Risiko, aber es bedeutet Verantwortung: für Transparenz, Nachvollziehbarkeit und die ehrliche Darstellung der eigenen Grenzen.

Wie Profis prüfen – die sechs Pfade der Due Diligence

Professionelle Prüfer nähern sich jeder Sachwertanlage entlang klar definierter Dimensionen der Due Diligence. Bei dieser Sorgfaltsprüfung geht es nicht darum, Risiken zu vermeiden, sondern sie zu verstehen, zu messen und zu bepreisen.

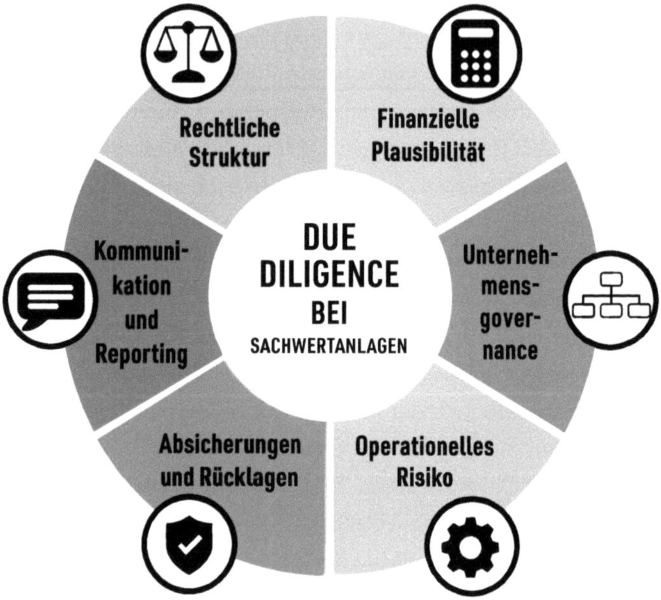

Abb. 5-1: Die sechs Dimensionen der Due Diligence
Die Abbildung visualisiert die sechs zentralen Dimensionen, die bei der Bewertung von Sachwertanlagen zu berücksichtigen sind. Sie zeigt, dass Seriosität nicht durch einzelne Eigenschaften entsteht, sondern durch das Zusammenspiel mehrerer Faktoren: rechtliche Struktur, finanzielle Plausibilität, Governance, operationelle Stabilität, Absicherung und Kommunikation. Die Grafik verdeutlicht, dass diese Dimensionen gleichrangig miteinander verbunden sind – Seriosität ist ein System, kein Zufall.

1. Rechtliche Struktur

Im Mittelpunkt steht, welche Art von Eigentum der Anleger erwirbt, nicht ob er alleiniger Besitzer eines physischen Gegenstands ist. In manchen Anlageformen, etwa bei Edelmetallen oder Rohstoffbeteiligungen, wird Eigentum über registrierte Depots oder Pool-Lösungen abgebildet. Maßgeblich ist dabei nicht das einzelne Objekt, sondern die rechtsverbindliche Zuordnung des Anteils und die Transparenz der Verwahrung. So kann ein Goldbarren im Schweizer Hochsicherheitslager gemeinschaftlich mehreren Investoren gehören, die individuelle Zuordnung erfolgt über das Depotkonto oder eine anteilige Seriennummer. Auch bei Ölbohrlöchern oder ähnlichen Projekten ist eine Poolstruktur oft sinnvoll, weil sie Kosten und Risiken teilt.

Eine dokumentierte Zuordnung, ein nachvollziehbarer Verwahrort und ein rechtlich durchsetzbarer Anspruch bilden die Grundlage einer belastbaren Eigentumsstruktur. Echtes Eigentum bedeutet also nicht immer Alleineigentum, sondern eine prüfbare Rechtsposition mit Zugriffs- oder Auszahlungsanspruch.

2. Finanzielle Plausibilität

Ertragsorientierte Sachwerte müssen nachvollziehbare Cashflows erzeugen. Professionelle Prüfer erwarten eine vollständige Kosten- und Erlösrechnung, Abnehmerverträge mit benannten Partnern und eine realistische Liquiditätsplanung. Erträge, die ausschließlich aus dem Geld neuer Investoren finanziert werden, sind keine tatsächlichen Erträge, sie sind eine Umverteilung.

Sachwerte ohne laufende Erträge erfüllen eine andere Funktion. Ihre Plausibilität bemisst sich an Markttransparenz, Bewertungsgrundlagen und Liquidierbarkeit.

3. Unternehmensgovernance

Seriosität zeigt sich in klaren Strukturen. Eine nachvollziehbare Buchführung nach anerkannten Standards, eine regelmäßig geprüfte Bilanz und transparente Angaben zu Geschäftsführung und Eigentümerstruktur sind dabei zentrale Merkmale. Wo diese fehlen, leidet die Rückverfolgbarkeit und mit ihr das Vertrauen.

4. Operationelles Risiko

Ein Investment ist immer nur so robust wie seine Prozesse. In der Praxis scheitern Projekte nicht am Markt, sondern an Lieferketten, Personalfluktuation oder mangelnder Versicherung gegen operative Ereignisse. Profis prüfen daher nicht nur Ertragsmodelle, sondern auch die technische Machbarkeit und Resilienz der Abläufe.

5. Absicherungen und Rücklagen

Unter »Bufferstock« verstehen wir in diesem Buch bewusst eingeplante Sicherheitsreserven innerhalb eines Projekts – etwa zusätzliche Bäume, Flächen oder operative Rücklagen, die nicht verkauft werden, sondern ausschließlich der Risikosteuerung dienen. Solche Puffer gehören in vielen realwirtschaftlichen Projekten zur guten Praxis: Sie fangen Ernteausfälle, operative Abweichungen oder unvorhergesehene Ereignisse ab und zeigen, dass ein Anbieter mit Unsicherheiten arbeitet, statt sie auszublenden. In der Praxis bewegen sich solche Reserven häufig im niedrigen zweistelligen Prozentbereich, je nach Modell und Risikoprofil.

6. Kommunikation und Reporting

Transparente Anbieter kommunizieren regelmäßig und verbindlich. Sie melden Kennzahlen, Fortschritte, Verzögerungen und auch Probleme. Wer nur in Werbephasen aktiv ist, nicht aber im laufenden Betrieb, zeigt eine Marketing- und keine Managementkultur.

Zwei Fälle aus der Praxis

Die folgenden Beispiele sind typische Szenarien aus der Prüfpraxis – keine Einzelfälle, sondern Muster, wie sie in unterschiedlichen Anlagebereichen immer wieder auftreten. Sie zeigen, woran man den Unterschied zwischen formaler Korrektheit und echter Substanz erkennt.

Fall 1: Das Schein-Audit

Ein Unternehmen bot Beteiligungen an Produktionsanlagen an und veröffentlichte ein »Wirtschaftsprüfer-Testat«. Erst bei Prüfung stellte sich heraus, dass sich das Testat nur auf den Jahresabschluss der Holding bezog, nicht auf die Projektgesellschaft. Die Wirtschaftlichkeit der Anlage war nie geprüft worden. Das Papier war formal korrekt, aber inhaltlich wertlos.

Fall 2: Das Transparenzprojekt

Ein anderer Anbieter hingegen legte sämtliche Verträge offen, benannte Lieferanten, Abnehmer und Versicherer. Er ließ Investoren die Standorte besichtigen und gab monatliche Updates heraus. Das Unternehmen gewann Vertrauen nicht durch Versprechen, sondern durch Systematik. Die Renditen waren moderat, aber nachvollziehbar und stabil.

Diese beiden Beispiele zeigen: Seriosität liegt nicht in der Höhe des Ertrags, sondern in der Kohärenz zwischen Zahl, Struktur und Verhalten.

Die häufigsten Irreführungen – und ihre Entlarvung

Die Sprache unseriöser Anbieter folgt immer demselben Muster: Sie spielt mit Begriffen, die Sicherheit suggerieren, aber keine rechtliche oder wirtschaftliche Substanz haben. So klingt ein »garantierter Rückkauf« zunächst solide, meint in der Praxis jedoch fast nie eine vertraglich durchsetzbare Verpflichtung. Häufig handelt es sich lediglich um unverbindliche Absichtserklärungen ohne ausreichende Liquiditätsdeckung. Nach dem *Vermögensanlagengesetz* und dem *Gesetz gegen den unlauteren Wettbewerb (UWG)* können solche Aussagen als irreführend gelten, wenn sie den Eindruck eines abgesicherten Wiederverkaufs erwecken, obwohl eine solche Sicherheit tatsächlich nicht besteht.[94]

Ähnlich verhält es sich mit Begriffen wie »gesicherte Rendite« oder »fixe Erträge«. Sie suggerieren, dass zukünftige Entwicklungen vorhersehbar seien, obwohl reale Anlagen immer Markt- und Projektrisiken unterliegen. Die Finanzaufsicht stuft solche Formulierungen als irreführend ein, wenn sie den Eindruck erwecken, Erträge seien garantiert oder Risiken ausgeschlossen. Zulässige Werbung muss deshalb klar zwischen prognostizierten und tatsächlich garantierten Zahlungen unterscheiden.

Auch Aussagen wie »BaFin-geprüft« oder »BaFin-registriert« führen häufig in die Irre. Diese Behörde billigt lediglich den Prospekt, nicht jedoch das Geschäftsmodell oder die wirtschaftliche Tragfähigkeit, wie bereits weiter oben erläutert. Der Hinweis »testiert von Wirtschaftsprüfer XY« betrifft meist nur die Unternehmensbilanz und sagt nichts über die Qualität oder Sicherheit des konkreten Anlageprodukts aus.

Der Begriff »Sondervermögen« ist im *Kapitalanlagegesetzbuch* klar definiert und bezeichnet Fondsvermögen, das getrennt vom Vermögen der Verwaltungsgesellschaft geführt wird (§ 1 Abs. 10 KAGB). In der Praxis taucht dieser Ausdruck jedoch auch bei Edelmetallen oder Technologiemetallen auf, wenn Anbieter auf getrennte Verwahrung und insolvenzgeschütztes Kundeneigentum verweisen. Entscheidend ist hierbei nicht die Bezeichnung, sondern die tatsächliche Eigentumsübertragung sowie die rechtliche und operative Trennung vom Betriebsvermögen des Verwahrers.[95]

»Versicherung schützt Kapital« vermittelt ebenfalls häufig ein trügerisches Sicherheitsgefühl, da sich der Versicherungsschutz in vielen Fällen lediglich auf betriebliche Risiken des Anbieters bezieht und nicht auf das eingesetzte Kapital der Anleger. Auch Aussagen wie »nur noch wenige Anteile verfügbar« dienen oft der künstlichen Verknappung und sollen Zeitdruck erzeugen, obwohl die Qualität einer Anlage nicht von Eile, sondern von sorgfältiger Prüfung abhängt.

Diese Aufzählung ersetzt keine juristische Prüfung, macht jedoch deutlich, wie leicht Sprache den Eindruck von Sicherheit erzeugen kann – selbst dort, wo solche Aussagen regulatorisch eingeschränkt oder untersagt sind. Wer Sachwertangebote prüfen möchte, kann sich an bestimmten Kriterien orientieren. Die nachstehende Checkliste fasst die wichtigsten Prüffragen zusammen, die auch professionelle Analysten stellen.

ANLEGER-CHECKLISTE – WORAN SIE SERIÖSE ANBIETER ERKENNEN

Prüfbereich	Fragen / Kriterien	Ergebnis
Unternehmensbasis	Rechtliche Identität nachvollziehbar (z. B. Impressum, Handelsregister- oder Lizenznummer, Unternehmenssitz klar angegeben)	
	Website ist SSL-gesichert, Domain und Kontakt nachvollziehbar	
	Gründer und Management mit nachweisbarer Branchenerfahrung, kein junges Start-up ohne Historie	
Rechtliche und organisatorische Struktur	Zulassungen, Geschäftslizenz oder KYC-/MiCA-Compliance dokumentiert	
	Anleger erwerben Eigentum oder klar definierte Beteiligung – keine bloße Forderung	
	Eigentum ist vererb- und übertragbar; Rechte sind vertraglich gesichert	
Finanzielle Plausibilität	Geschäftsmodell nachvollziehbar, reale Ertragsquellen erkennbar	
	Kalkulationen basieren auf realistischen Annahmen; Abnehmerverträge vorhanden	
	Rücklagen, Versicherungen oder Bufferstock-Konzepte dokumentiert	
Transparenz und Informationszugang	Whitepaper, Organigramm oder Informationsmemorandum verfügbar	
	Vertragsunterlagen, AGB und Konditionen vor Zeichnung einsehbar	
	Regelmäßige Berichte oder Updates über Projektfortschritt	
Vertrieb und Anreizsystem	Kein MLM- oder Token-basiertes System, Vertrieb nachvollziehbar	
	Vertriebskosten liegen deutlich unter 20 Prozent	
	Keine künstliche Verknappung oder zeitlicher Verkaufsdruck	

Externe Prüfung und Reputation	Aktueller Audit- oder Wirtschaftsprüfungsbericht vorhanden	
	Positive, konsistente Bewertungen (z. B. Trustpilot, Branchenportale)	
	Compliance-, Datenschutz- und AML-Richtlinien veröffentlicht	
Steuer- und Liquiditätsaspekte	Steuerliche Behandlung nachvollziehbar, keine pauschalen »Steuerfrei«-Versprechen	
	Auszahlungs- und Zweitmarktregelungen klar definiert	
Red Flags und Warnsignale	Fehlende Unternehmensdaten oder anonyme Betreiber	

Abb. 5-2: Checkliste: Woran Sie seriöse Anbieter erkennen
Die Abbildung zeigt die wichtigsten Prüfkriterien, mit denen Anleger die Seriosität und Nachvollziehbarkeit von Sachwertangeboten bewerten können. Sie vereint rechtliche, finanzielle, organisatorische und kommunikative Aspekte und dient als praxisorientierte Orientierungshilfe – sowohl für die Erstanalyse als auch für die fortlaufende Bewertung bestehender Engagements.

Wie diese Checkliste konkret angewendet werden kann, zeigt ein typisches Praxisbeispiel. Ein Anleger prüft ein Angebot zum Erwerb von Technologiemetallen. Auf den ersten Blick wirkt alles professionell: Es gibt eine klar strukturierte Website, eine ausführliche Broschüre und positive Kundenstimmen. Doch als er die Fragen aus der Checkliste durchgeht, stellt sich heraus, dass zentrale Punkte nicht nachvollziehbar beantwortet werden. Es fehlen beispielsweise klare Angaben zur Eigentumsübertragung, zur rechtlichen Ausgestaltung der Lagerung, zu Versicherungsregelungen oder zur regelmäßigen Dokumentation der Bestände.

Je nach Anlageform sind unterschiedliche Nachweise entscheidend. Bei physischem Eigentum an Metallen stehen nicht Abnehmerverträge im Vordergrund, sondern die rechtssichere Zuordnung des Eigentums, die getrennte Verwahrung, transparente Lagerstrukturen und eine nachvollziehbare Absicherung gegen operative Risiken. Wenn selbst solche grundlegenden Punkte offenbleiben, fehlt eine tragfähige Basis für Vertrauen. Ein Anbieter mag professionell auftreten – echte Seriosität zeigt sich jedoch erst dann, wenn Struktur, Dokumentation und tatsächliche Ausgestaltung übereinstimmen.

Wie seriöse Anbieter Transparenz leben

Transparenz bedeutet nicht, alles offenzulegen, sondern das Relevante verständlich zu machen. Glaubwürdige Anbieter kommunizieren Zahlen, aber auch Grenzen. Sie zeigen nicht nur, wo Erträge entstehen, sondern auch, wo sie ausfallen können.

Dazu gehören:

- Regelmäßiges Reporting mit realen Daten statt Schätzungen
- Klare Vertragsklauseln zu Rücktritt und Liquidität
- Eine erreichbare Geschäftsführung und kein anonymes Callcenter
- Die Bereitschaft, Investoren Einblick in die Struktur zu geben

Damit ist der Rahmen gesetzt: Wer versteht, wie geprüft wird, kann bewusst entscheiden, wohin Kapital fließen soll. Nach der Analyse beginnt der Praxisteil. Das nächste Kapitel widmet sich realen Alternativen jenseits des klassischen Finanzsystems. Es untersucht tragfähige Strukturen und deren Risiken sowie Möglichkeiten.

Alternative Wege zu stabilen Vermögensstrukturen

Erkenntnis verändert erst dann etwas, wenn sie in Bewegung gerät. Man kann ein System durchdringen, seine Schwächen benennen und doch spüren, dass das allein noch keine Stabilität schafft. Zwischen Verstehen und Gestalten liegt ein wichtiger Schritt: der vom Denken zum Tun.

In den bisherigen Kapiteln ging es darum, Strukturen zu hinterfragen und Zusammenhänge zu erkennen. Nun verschiebt sich der Blick weg von der Analyse und Beobachtung hin zur Gestaltung und Wirkung. Die Frage lautet nicht länger, warum das bisherige System an seine Grenzen stößt, sondern was Vermögen künftig tragen kann und wie Besitz wieder zu etwas Reellem wird. Denn nach der Analyse kommt die Entscheidung, ob ich weiter auf Märkte reagieren will oder anfange, mein eigenes System zu gestalten.

Hiermit beginnt der zweite Teil des Buches: mit dem Übergang von der Theorie in die Praxis, von abstraktem Kapital zu greifbarem Besitz, von der Reaktion zu Gestaltung.

Warum Gold mehr als ein Metall ist

Wenn in den Nachrichten von »Krisenzeiten« die Rede ist, steigt fast reflexartig der Goldpreis. Das geschieht seit Jahrhunderten und ist kein Zufall. Gold verkörpert etwas, das Papiergeld und digitale Zahlen nicht haben: Beständigkeit, Knappheit und Greifbarkeit. Doch dieses Kapitel will keine neue Goldbegeisterung wecken. Gold steht hier als Symbol. Es zeigt, wie Menschen reagieren, wenn sie spüren, dass Vertrauen allein nicht mehr trägt: Sie suchen

Substanz. Sie suchen etwas, das bleibt, wenn Systeme sich verändern.

2025 erreichte der Goldpreis erneut ein Allzeithoch. Wer im Jahr 2001 Gold im Wert von 100.000 Euro gekauft hatte – damals rund 320 Unzen à 312 Euro –, besitzt im Januar 2025, bei 2.833 Euro je Unze, ein Vermögen von über 900.000 Euro.[96] Hätte man das gleiche Kapital auf einem Sparbuch gelassen, läge seine inflationsbereinigte Kaufkraft heute nur noch bei rund 63.000 Euro.[97]

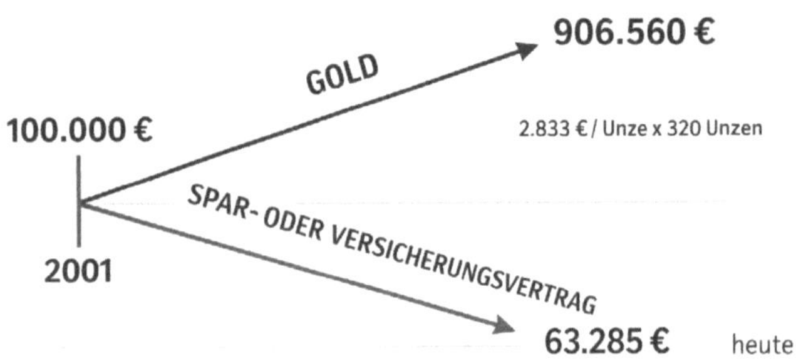

Abb. 6-1: Entwicklung der Kaufkraft des Euro im Vergleich zu Gold seit 2001

Die Grafik zeigt die Entwicklung der Kaufkraft eines Euro-Investments in Höhe von 100.000 Euro seit Einführung des Buchgeldes im Jahr 2001. Während der reale Wert klassischer Finanzprodukte wie Spar- oder Versicherungsverträge inflationsbedingt sank, verzeichnete Gold im gleichen Zeitraum einen deutlichen Wertzuwachs. Die Berechnung basiert auf einem Goldpreis von 312 Euro pro Unze (2001) und 2.833 Euro pro Unze (31.01.2025), was einer Wertentwicklung auf 906.560 Euro entspricht.

Diese Zahlen erzählen mehr als eine Wertentwicklung. Sie zeigen, wie unterschiedlich Zeit auf Vermögen wirkt, je nachdem, ob man es in Versprechen oder in Materie anlegt. Gold ist kein Versprechen, sondern Substanz. Es verweist darauf, dass Vertrauen dort entsteht, wo Knappheit, Eigentum und Nachvollziehbarkeit zusammenkommen.

So wie Gold in Krisen verlässlicher wirkt als jede digitale Zahl, so funktionieren auch andere Formen realer Substanz. Holz, Boden, Energie, Wasser, Metalle, alles, was wir anfassen, nutzen, weiterverarbeiten können, folgt derselben Logik: Es besitzt eine natürliche Grenze, eine reale Funktion und einen messbaren Nutzen.

Wer heute über Ersparnisse verfügt, steht selten vor der Frage, ob er investieren sollte, sondern vor der Wahl zwischen unzähligen Möglichkeiten. Fonds, ETFs, Immobilien, Versicherungen, Kryptowährungen und Anleihen konkurrieren um Aufmerksamkeit. Die Vielfalt wirkt wie Freiheit, erschwert jedoch Orientierung. Das Problem liegt weniger im fehlenden Wissen als in der Struktur der Auswahl. Information ist reichlich vorhanden, belastbare Kriterien sind es seltener. Am Anfang steht daher eine Klärung: Was soll mein Geld für mich leisten? Eine klare Antwort verschiebt die Perspektive vom Reagieren zum Gestalten.

Ein Beispiel aus der Praxis

Im Frühjahr 2024 verkaufte ein selbstständiger Ingenieur aus Süddeutschland sein Planungsbüro. Nach Steuern und Kosten blieben 250.000 Euro übrig. Zunächst empfand er Erleichterung. Doch nach wenigen Wochen wich dieses Gefühl einer nervösen Leere. Die Bank bot Fonds und Versicherungen an, Freunde empfahlen

Gold, im Internet kursierten Warnungen vor Inflation und drohender Enteignung. Aus Freiheit wurde Druck.

Diese Situation ist typisch. Studien zeigen, dass viele Haushalte in Phasen finanzieller Unsicherheit zu Inaktivität neigen. Sie verschieben Entscheidungen, obwohl sie über ausreichend Informationen verfügen.[98] Nicht weil sie nichts wissen, sondern weil zu viele Optionen lähmen.

Der Ingenieur wollte eine greifbare Lösung. Nach einem Orientierungsgespräch entschied er sich, sein Kapital aufzuteilen: Ein Drittel blieb liquide, ein Drittel floss in ertragsorientierte Projekte, ein Drittel in reale Werte.

FUNKTION	ANTEIL	ZWECK
Liquidität	25 % (≈ 60.000 €)	Reserve für Lebenshaitung und Flexibilität
Ertrag	45 % (≈ 110.000 €)	Beteiligungen an Energie- und Rohstoffprojekten, inflationsgeshützte Anlagen
Substanz	30 % (≈ 80.000 €)	Physisches Gold und reale Sachwerte mit Eigentumsnachweis

Abb. 6-2: Beispielhafte Vermögensaufteilung nach Funktionen
Die Tabelle illustriert eine praxisorientierte Strukturierung eines liquiden Vermögens von 250.000 Euro in drei Funktionsbereiche: Liquidität, Ertrag und Substanz. Die Aufteilung dient der Veranschaulichung eines ausgewogenen Vermögensaufbaus, bei dem Flexibilität, laufende Erträge und reale Werte miteinander kombiniert werden.

Das Prinzip dahinter ist bewährt: Ein Teil bleibt verfügbar, ein Teil arbeitet für laufende Erträge und ein Teil schafft Substanz und gemeinsam bilden sie die Grundlage für ein stabiles Gesamtvermögen.

Innerhalb weniger Wochen war alles umgesetzt, mit klaren Dokumentationen, Auszahlungsintervallen und Eigentumsnachweisen. Drei Monate später hatte sich nicht nur die Struktur geändert, sondern auch das Gefühl. Der Ingenieur wusste, wo sein Geld arbeitete, welcher Teil verfügbar blieb und welcher beständig wuchs. Sein Vermögen war nicht größer, aber geordneter. Und Ordnung ist oft der erste Schritt zu Gelassenheit.

Viele Menschen glauben, Strukturierung erfordere große Summen oder Fachwissen. In Wahrheit braucht sie vor allem Klarheit über den Zweck: Wofür soll mein Geld da sein? Für Sicherheit, Einkommen oder Wachstum? Sobald diese Antwort feststeht, wird Handeln leichter. Geld, das eine Aufgabe hat, verliert seine Bedrohlichkeit.

Von der Ordnung zur Haltung

Wer Vermögen gestalten will, muss nicht das System verlassen, sondern den Blickwinkel ändern. Es geht nicht darum, Kapital zu verteilen, sondern Verantwortung. Jeder Euro erhält eine Funktion und mit jeder Funktion wächst die Selbstbestimmung. Doch dieser Schritt ist mehr als eine technische Entscheidung. Er verändert die Beziehung zum Geld. Wer versteht, dass Besitz Wirkung hat – ökonomisch, ökologisch, gesellschaftlich –, beginnt, Kapital als Gestaltungsmittel zu begreifen.

Hier liegt die eigentliche Transformation: weg vom passiven Anleger, der auf Kurse wartet, hin zum bewussten Eigentümer, der weiß, was sein Geld bewirkt. Diese Erkenntnis markiert einen Anfang. Sie öffnet den Blick für eine Welt jenseits klassischer Finanzprodukte – eine Welt, in der Kapital wieder sichtbar, nachvollziehbar und sinnstiftend wird.

Peter Beeck, Mitautor dieses Buches, kennt diesen Wandel aus eigener Erfahrung. Drei Jahrzehnte lang arbeitete er als Finanzmakler, vermittelte Produkte, analysierte Märkte. Irgendwann spürte er, dass die Antworten, die er gab, nicht mehr zu den Fragen passten, die die Menschen stellten. Er verließ Deutschland, nahm Abstand und gewann dabei den klarsten Blick seiner Karriere.

Mit der Distanz erkannte er, was im alten System kaum sichtbar war: reale Werte, steuerlich intelligente Strukturen und Beteiligungen mit greifbarer Wirkung. Heute spricht er nicht mehr über Produkte, sondern über Prinzipien. Über Kapital, das sich verzahnt, Einkommen schafft, Substanz erhält. Über Stabilität, die entsteht, wenn Eigentum auf Wirkung basiert.

Ein Vermögen zu besitzen, ist das eine – es zu verstehen, das andere. Stabilität entsteht, wenn jeder Teil des Kapitals eine klare Aufgabe erfüllt: Liquidität für Handlungsspielraum, produktives Kapital für Einkommen, reale Werte für Beständigkeit. So wird Geld wieder zu dem, was es ursprünglich war: einem Werkzeug der Gestaltung.

Dieses Kapitel endet dort, wo der Blick in die Zukunft beginnt. Es eröffnet den Zugang zur Welt realer Werte und ihrer strukturellen Bedeutung für eine Vermögensarchitektur. Die folgenden Kapitel zeigen, wie Substanz in die eigene Vermögensplanung integriert werden kann: durch Beteiligungen, die echte Wertschöpfung abbilden; durch Besitz, der Wirkung entfaltet; durch Erträge, die aus Natur, Energie oder Rohstoffproduktion entstehen. Damit wird aus Kapital wieder etwas Greifbares und aus Geld eine Geschichte, die man selbst mitschreibt.

Doch bevor wir Ihnen einzelne Anlageformen vorstellen, lohnt sich ein Blick auf das verbindende Prinzip hinter ihnen. Reale Werte entstehen durch tatsächliche Nutzung. Ob Pflanzen wachsen, Energie erzeugt wird oder Metalle gefördert werden: In allen

Fällen beruhen Erträge auf Prozessen, die unabhängig von Finanzmarktstimmungen funktionieren. Genau diese Kopplung an reale Abläufe macht Sachwerte zu einem stabilen Baustein einer modernen Vermögensarchitektur.

Ein weiterer Vorteil liegt in ihren eigenen Zeitzyklen. Reale Sachwerte entwickeln sich entlang biologischer, technischer oder industrieller Rhythmen. Wer diese Zyklen versteht, kann besser einschätzen, welche Werte Stabilität bringen, welche Erträge liefern und welche langfristige Substanz aufbauen. Sachwerte entfalten ihre Wirkung nicht trotz unterschiedlicher Zeiträume, sondern durch sie.

Die folgenden Kapitel ordnen diese Prinzipien in konkrete Beispiele ein. Sie zeigen, wie unterschiedliche Modelle – von gemeinschaftlicher Agrarproduktion bis zu eigentumsbasierten Wertzyklen – funktionieren, welche Prüfstandards gelten und wie sich reale Wertschöpfung in der Praxis abbilden lässt.

Agrarische Sachwerte: Reale Werte mit Bodenhaftung

Nach den strategischen Überlegungen des vorherigen Kapitels stellt sich nun die Frage, wie sich Vermögen konkret strukturieren lässt, um greifbarer und unabhängiger zu werden. Wer finanzielle Souveränität anstrebt, braucht Bausteine jenseits abstrakter Buchwerte, die auf realer Wertschöpfung beruhen. Neben klassischen Realwerten rücken zunehmend agrarische Sachwerte in den Blick, weil sie ökonomischen Nutzen mit ökologischer Substanz und gesellschaftlicher Relevanz verbinden. Agrarische Produktionsmodelle wirken auf den ersten Blick unscheinbar, doch sie basieren auf stabilen, nachvollziehbaren Wertschöpfungsprozessen. Boden, Pflanzenwachstum und Nutzung bilden die Grundlage für Erträge, die physisch messbar sind und deren Ursprung in realer Produktion liegt. Ein Baum wächst, eine Pflanze bildet Biomasse, ein Feld bringt regelmäßig Ertrag hervor. Diese biologische Entwicklung folgt natürlichen Zyklen und ist weit weniger von Marktstimmungen abhängig als klassische Finanzanlagen.

Während Gold, Immobilien und Aktien als feste Bestandteile vieler Vermögensstrukturen gelten, bleiben landwirtschaftliche Beteiligungen für die meisten Anleger eine Randnotiz. Das liegt weniger an ihrem Potenzial als an mangelnder Sichtbarkeit. Landwirtschaftliche Produktion folgt anderen Gesetzmäßigkeiten als Kapitalmärkte und entzieht sich damit weitgehend dem üblichen Anlage- und Produktdenken.

Agrarische Sachwerte besitzen einen ausgeprägten Realwertcharakter. Investiert wird in physisch greifbare Grundlagen wie Boden, Pflanzenwachstum und wiederkehrende Ernten. Auch die Ertragsquelle ist klar nachvollziehbar. Einnahmen entstehen aus physischer Produktion, etwa durch den Verkauf von Holz, Früchten oder Energiepflanzen, und nicht aus kurzfristigen Kursbewegungen oder komplexen Finanzmechanismen. Der wirtschaftliche Erfolg hängt vor allem davon ab, ob angebaut, gepflegt und geerntet werden kann, nicht davon, ob ein Marktteilnehmer bereit ist, ein Wertpapier zu einem höheren Preis weiterzuverkaufen. Ein weiterer Unterschied zu klassischen Finanzanlagen liegt in der geringen Korrelation zu Aktien oder Anleihemärkten. Während Börsenkurse stark auf Zinsentscheidungen, politische Ereignisse oder Stimmungen reagieren, folgen landwirtschaftliche Erträge vor allem biologischen Zyklen, Wetterbedingungen und langfristigen Nachfrageentwicklungen nach Nahrungsmitteln, Holz oder Biomasse. Dadurch kann Landwirtschaft in einem breit aufgestellten Vermögen eine stabilisierende Rolle spielen. Hinzu kommt ein potenzieller Inflationsschutz. Steigen Preise für Energie, Lebensmittel oder nachwachsende Rohstoffe, erhöht sich in der Regel auch der Marktwert der entsprechenden Erzeugnisse. Landwirtschaftliche Produktion ist eng mit realen Bedürfnissen wie Ernährung sowie Bau- und Energierohstoffen verbunden. Der Wertzuwachs ergibt sich damit aus realwirtschaftlichen Preisentwicklungen, nicht allein aus geldpolitischen Effekten.

In Zeiten, in denen viele Anleger das Vertrauen in rein finanzielle Versprechen verlieren, bieten agrarische Beteiligungen damit eine Alternative mit Substanz und mit Sinn. Sie verbinden Vermögensaufbau mit realer Wertschöpfung und machen sichtbar, wo Erträge tatsächlich entstehen, nämlich in natürlichen Wachstumsprozessen, die weit älter sind als jede Börse.

Warum große Vermögen seit jeher auf Agrarwerte setzen

Ein Blick auf jene, die Vermögen über Jahrzehnte oder Generationen strukturieren, zeigt ein bemerkenswertes Muster: Große Privatvermögen, Family-Offices und institutionelle Anleger halten seit Langem landwirtschaftliche Flächen oder forstwirtschaftliche Betriebe in ihren Portfolios. Das ist ein Hinweis darauf, dass diese Anlageform in professionellen Vermögensarchitekturen eine weit größere Rolle spielt, als es die öffentliche Wahrnehmung vermuten lässt.

Bill Gates gilt als größter privater Farmland-Eigentümer der USA und hält über verschiedene Strukturen mehrere Hunderttausend Acres landwirtschaftlicher Fläche.[99] Seine Engagements stehen für eine klare strategische Allokation in reale Wertschöpfung.

Auch Mark Zuckerberg hat auf Hawaii beträchtliche Landflächen erworben, darunter Areale mit landwirtschaftlicher Nutzung und langfristigem ökologischem Potenzial.[100]

Warren Buffett wiederum verweist seit Jahrzehnten auf die robuste Stabilität von Agrarland und nutzt es regelmäßig als Beispiel für produktive Realwerte im Gegensatz zu spekulativen Anlagen.[101]

Auf globaler Ebene rücken Farmland und forstwirtschaftliche Nutzflächen seit mehr als einem Jahrzehnt verstärkt in den Fokus institutioneller Investoren. Frühere Studien der *Food and Agriculture Organization of the United Nations (FAO)* und der *Organisation for Economic Co-operation and Development (OECD)* belegen, dass Pensionsfonds, Staatsfonds und Private-Equity-Gesellschaften bereits in den 2010er-Jahren begannen, Ackerland, Agrarinfrastruktur und Forstflächen als eigenständige Real-Asset-Kategorien zu betrachten.[102]

In den USA hat sich diese Entwicklung besonders deutlich gezeigt: Marktberichte institutioneller Asset-Manager verzeichnen in den vergangenen zehn Jahren einen stetigen Zufluss von Kapital in Farmland. Es wird dort als Real Asset eingesetzt, das Portfolios breiter aufstellt, das Risiko-Ertrags-Profil verbessert und zur Kapitalerhaltung beiträgt, nicht zuletzt, weil langfristige Wertsteigerungen historisch über der Inflationsrate lagen.[103]

Auch außerhalb der USA hat sich der institutionelle Zugang verbreitert. Internationale Datenauswertungen weisen seit den 2000er-Jahren eine wachsende Zahl spezialisierter Fonds und Investitionsvehikel aus, die weltweit Kapital in landwirtschaftliche Betriebe, Flächen und Agrarinfrastruktur lenken. Eine Auswertung des auf alternative Anlagen spezialisierten Datenanalyseunternehmens Preqin verzeichnet mehr als hundert entsprechende Fondsstrukturen. Agrarische Sachwerte sind damit im internationalen institutionellen Umfeld fest etabliert.[104]

Eine etablierte Anlageklasse – aber lange nicht für Privatanleger zugänglich

Während große Vermögen mit professionellen Strukturen und Due-Diligence-Prozessen Zugang zu diesen Assets hatten, sah die Situation für Privatanleger lange völlig anders aus. Der Markt war geprägt von intransparenten Auslandsmodellen, schwer überprüfbaren Betreiberstrukturen und Projekten, deren Wirtschaftlichkeit kaum nachvollziehbar war. Öffentlich dokumentierte Fälle aus Lateinamerika und Südostasien zeigen, wie Anleger in Pachtmodelle oder Aufforstungsprojekte investierten, bei denen wesentliche Informationen fehlten, etwa belastbare Daten zu Pflanzflächen, Bewirtschaftung oder tatsächlichen Erträgen. In mehreren bekannten Holz- und Aufforstungsprojekten wurde später öffentlich, dass zugesagte Flächen gar nicht oder nur teilweise bepflanzt worden waren oder dass Ernteprognosen deutlich überzogen waren. Medienberichte beschrieben Fälle, in denen Betreiber insolvent wurden und Investoren hohe Verluste erlitten, weil grundlegende Nachweise zur Bewirtschaftung fehlten.

Die Herausforderung lag nie in der Anlageklasse selbst, sondern in der fehlenden Transparenz für Privatanleger.[105] Professionell geführte Agrar- und Forstprojekte existieren seit vielen Jahren, doch ohne eigene Expertise oder unabhängige Prüfung war es für Anleger kaum möglich zu erkennen, welche Anbieter nachhaltig wirtschaften und welche nur oberflächliche Versprechen abgeben. Erst durch eine Kombination aus besseren regulatorischen Rahmenbedingungen, strengeren Offenlegungspflichten und unabhängigen Prüfprozessen ist es heute überhaupt realistisch, solche Angebote zu bewerten. Privatanleger sind dabei aber weiterhin auf Fachleute angewiesen, die Bewirtschaftung, Eigentumsstrukturen und Produktionsdaten für sie prüfen können.

Damit wird eine Anlageform zugänglich, die institutionellen Investoren schon lange vertraut ist, jedoch erstmals mit einem Qualitätsanspruch, der auch für private Anleger nachvollziehbar gemacht werden kann.

Die Vielfalt agrarischer Sachwerte

Agrarische Sachwerte bilden keine einheitliche Anlageklasse. Sie umfassen ein breites Spektrum unterschiedlicher Modelle. Dazu gehören Kulturen mit jährlicher Produktion, forstwirtschaftliche Systeme mit mehrjährigen Wertzyklen und genossenschaftliche Ansätze ebenso wie eigentumsbasierte Strukturen. Diese Vielfalt spiegelt eine Wertschöpfungslogik wider, die in unterschiedlichen Formen auftreten kann und stets an reale Güter, konkrete Nutzung und nachvollziehbare Produktionsprozesse gebunden ist. Innerhalb dieses Spektrums lassen sich zwei grundlegende

Prinzipien unterscheiden, die die Rolle des Anlegers, die Risikostruktur und die Ertragsmechanik wesentlich prägen: beteiligungsbasierte Modelle und eigentumsbasierte Modelle.

Beteiligungsbasierte Agrarsachwerte folgen einer betriebswirtschaftlichen Logik. Anleger erwerben keine Pflanzen oder Grundstücke, sondern Anteile an einer gemeinschaftlich geführten landwirtschaftlichen Produktion. Die Erträge entstehen aus der kollektiven Bewirtschaftung, aus Verkaufserlösen und aus der Effizienz des Betriebs. Versichert werden meist Ernteausfälle oder operative Risiken. Entscheidungen zu Ausschüttungen werden gemeinschaftlich getroffen. Miscanthus in genossenschaftlicher Struktur ist ein Beispiel für dieses Modell, das im folgenden Kapitel näher dargestellt wird. Der Fokus liegt hier auf planbaren Erträgen, nicht auf Bodenwertsteigerungen.

Eigentumsbasierte Agrarsachwerte funktionieren grundlegend anders. Hier erwerben Anleger ein konkretes Grundstück, das im eigenen Namen im Grundbuch eingetragen wird. Die Wertschöpfung entsteht aus zwei unabhängigen Quellen, aus dem biologischen Wachstum der Pflanzen und aus der Entwicklung des Bodens selbst. Eigentumsmodelle sind weniger von Betreiberstrukturen abhängig und ähneln in ihrer Grundanlage klassischem Landbesitz, nur mit einer zusätzlichen, produktiven Komponente. Paulownia-Flächen stehen exemplarisch für dieses Prinzip und werden im Anschluss vertieft erläutert.

Diese Unterscheidung ist zentral, um zu verstehen, wie unterschiedlich agrarische Sachwerte wirken können: Das eine Modell erzeugt Erträge aus kollektiver Produktion, das andere baut substanzielle Vermögenswerte auf, die über Generationen vererbbar sind. Beide gehören zur gleichen Anlageklasse, aber sie erfüllen unterschiedliche Funktionen innerhalb einer Vermögensarchitektur.

Im nächsten Schritt folgt die konkrete Ausarbeitung dieser beiden Modelle.

Miscanthus – Erträge aus gemeinschaftlicher Produktion

Miscanthus steht exemplarisch für beteiligungsbasierte Agrarsachwerte. Anleger erwerben keine eigenen Grundstücke, sondern Anteile an einer genossenschaftlich organisierten landwirtschaftlichen Produktion in Tschechien. Anbau, Ernte, Verarbeitung und Vermarktung erfolgen zentral. Die Erträge entstehen aus der laufenden wirtschaftlichen Tätigkeit des Betriebs.

Die Grundlage bildet *Miscanthus × giganteus*. Die botanische Bezeichnung enthält bereits wichtige Informationen: Miscanthus beschreibt die Pflanzengattung, giganteus die Artbezeichnung. Das Multiplikationszeichen »×« weist darauf hin, dass es sich um eine natürliche Kreuzung zweier Arten handelt.

Biologisch gehört die Pflanze zu den sogenannten *C4-Pflanzen*. Diese verfügen über einen besonders effizienten Photosyntheseweg, der es ihnen erlaubt, Sonnenlicht und CO_2 auch bei hohen Temperaturen und begrenzter Wasserverfügbarkeit effektiv in Biomasse umzuwandeln.[106] Im Unterschied zu *C3-Pflanzen* wie Weizen oder Reis bleibt die Produktivität auch unter wärmeren Bedingungen stabil. Miscanthus zählt darüber hinaus zu den energieeffizientesten Biomassepflanzen Europas. Wissenschaftliche Analysen zeigen, dass der Energieertrag im Verhältnis zum notwendigen Anbau- und Verarbeitungsaufwand besonders günstig ausfällt und die Kultur damit zu den ökologisch besonders vorteilhaften Rohstoffquellen der Bioenergie gezählt wird.[107]

Diese Effizienz ist kein botanisches Detail, sondern die Grundlage für hohe und planbare Erntemengen. Miscanthus regeneriert sich über unterirdische Rhizome (Wurzelstöcke) und muss nicht jährlich neu ausgesät werden. Die Etablierungskosten verteilen sich dadurch über viele Jahre, der Pflegeaufwand bleibt moderat. Nach einer Aufbauphase von zwei bis drei Jahren entstehen stabile Erträge über viele Jahre hinweg, häufig 15 Jahre und mehr.

Vertikale Wertschöpfung und Marktanbindung

Die wirtschaftliche Logik beruht nicht allein auf dem Verkauf von Rohbiomasse. Ein Großteil der Ernte wird zu marktfähigen Endprodukten weiterverarbeitet. Dazu zählen Einstreupellets, Mulch, Naturdünger und weitere biobasierte Materialien für die Tierhaltung und den Gartenbau. Die unter eigener Marke vertriebenen Pellets zeichnen sich durch hohe Saugfähigkeit, geringe Staubentwicklung und biologische Abbaubarkeit aus und werden als Premium-Einstreu angeboten.

Parallel dazu werden auf den Flächen ergänzende Kulturen wie Nutzhanf und Lupinen angebaut. Hanf wird zu Ölen, Mehlen und Fasern verarbeitet und findet Anwendung in Lebensmittel-, Bau- und Textilprodukten. Lupinen verbessern als Leguminosen die Bodenqualität und dienen zugleich als Rohstoff für Eiweiß- und Futtermittel.[108]

Durch diese Mehrkultur- und Weiterverarbeitungsstrategie verteilt sich die Wertschöpfung auf mehrere Produktlinien und Absatzmärkte. Erträge entstehen aus realer Nachfrage nach konkreten Endprodukten. Gleichzeitig erhöht die Integration von Verarbeitung und Vertrieb die operative Komplexität und stellt höhere Anforderungen an Management und Organisation.

Beteiligung statt Eigentum – das Prinzip Genossenschaft

Die Beteiligung erfolgt über Genossenschaftsanteile ohne Nachschusspflichten. Die Mindestbeteiligung beträgt 2.000 Euro, die Mindesthaltedauer zwei Jahre. Nach Ablauf dieser Frist besteht eine Kündigungsoption, was dem Modell im Vergleich zu vielen anderen Agrarsachwertstrukturen eine höhere Flexibilität verleiht. Ausschüttungen erfolgen aktuell quartalsweise oder können reinvestiert werden. Der derzeitige durchschnittliche Ertrag liegt bei rund 7,5 Prozent pro Jahr (Stand: Dezember 2025).[109] Eine Ernteausfallversicherung deckt etwa 80 Prozent möglicher Ausfälle ab. Bewirtschaftet werden rund 950 Hektar Fläche; die biologischen Vermögenswerte werden nach IAS 41 bewertet.[110]

Die gemeinschaftliche Struktur verteilt Produktionsrisiken über mehrere Flächen und Erntezyklen. Lokale Wetterereignisse oder temporäre Ausfälle einzelner Standorte wirken sich dadurch weniger stark auf das Gesamtergebnis aus. Diese Form der internen Risikostreuung reduziert Ertragsschwankungen. Agrarmärkte unterliegen strukturellen Preis- und Nachfrageschwankungen. Der *OECD-FAO Agricultural Outlook 2024–2033* weist regelmäßig darauf hin, dass Wetterextreme, geopolitische Spannungen, Energiepreise und Handelspolitik erhebliche Auswirkungen auf landwirtschaftliche Rohstoffmärkte haben können. Auch Biomassepreise reagieren auf diese globalen Einflussfaktoren.[111]

Selbst in einem volatilen Marktumfeld bleibt die ökonomische Grundlogik produktiver Sachwerte jedoch nachvollziehbar: Erträge entstehen aus laufender Produktion.

Eine beispielhafte Beteiligung von 10.000 Euro bei einem Ertrag von 7,5 Prozent entspräche einem jährlichen Ausschüttungsbetrag von 750 Euro (Stand: Dezember 2025).[112] Solche Berechnungen sind modellhaft zu verstehen. Sie dienen der Veranschaulichung wirtschaftlicher Zusammenhänge, nicht der Prognose konkreter

Entwicklungen. Für Anleger eignet sich dieses Modell vor allem dann, wenn regelmäßige Erträge aus realwirtschaftlicher Tätigkeit gewünscht sind und die operative Bewirtschaftung bewusst an eine professionelle Struktur delegiert werden soll.

Innerhalb einer Vermögensarchitektur steht Miscanthus damit für einen produktiven Sachwertbaustein mit biologischer Effizienz, vertikaler Wertschöpfung und klar geregelter Beteiligungsstruktur.

Woran Sie eine solide Agrarbeteiligung erkennen

Die folgenden Kriterien helfen, beteiligungsbasierte Agrarstrukturen einzuordnen und von rein konzeptionellen Angeboten zu unterscheiden.

Eine solide Agrarbeteiligung beginnt mit rechtlicher Klarheit. Die Beteiligungsform sollte eindeutig geregelt sein, sodass klar ist, welche Rechte und Pflichten bestehen. Entscheidend ist, dass keine versteckten Nachschusspflichten existieren und dass die Eigentums- oder Beteiligungsstruktur transparent dokumentiert ist. Anleger sollten nachvollziehen können, woran sie wirtschaftlich beteiligt sind und wie ihre Ansprüche im Verhältnis zu anderen Beteiligten ausgestaltet sind.

Ebenso wichtig ist ein professionelles Management. Landwirtschaft ist ein operatives Geschäft, das Erfahrung, Technik und kontinuierliche Betreuung erfordert. Seriöse Modelle arbeiten mit nachweisbar tätigen Agrarbetrieben, verfügen über reale, dokumentierte Flächen und können die Bewirtschaftung, Ernteplanung und Vermarktung plausibel darstellen. Entscheidend ist, dass nicht nur Konzepte existieren, sondern tatsächlich produzierte Ernten und funktionierende Absatzwege.

Ein weiteres Qualitätsmerkmal sind Absicherungen und Reserveflächen. Naturprozesse unterliegen Schwankungen durch Wetter, Schädlinge oder andere Einflüsse. Solide Projekte planen deshalb von vornherein Sicherheitsreserven ein, etwa zusätzliche Anbauflächen oder operative Rücklagen, die nicht veräußert werden. Solche Puffer, oft als Bufferstock bezeichnet, dienen dazu, Ertragsschwankungen abzufedern, und zeigen, dass Risiken realistisch eingeplant statt ausgeblendet werden.

Transparente Kommunikation ist ein weiterer zentraler Punkt. Anleger sollten regelmäßig Berichte zur Entwicklung der Flächen, zu Erträgen und zu wirtschaftlichen Kennzahlen erhalten. Mitgliederversammlungen, geprüfte Abschlüsse oder externe Prüfungen erhöhen die Nachvollziehbarkeit zusätzlich. Transparenz zeigt sich nicht in Hochglanzbroschüren, sondern in konsistenten, überprüfbaren Informationen über die laufende Bewirtschaftung.

Schließlich sollte die Wertschöpfung klar nachvollziehbar sein. Erträge sollten aus realer landwirtschaftlicher Produktion entstehen, also aus dem Verkauf von Holz, Biomasse, Früchten oder anderen physischen Produkten. Modelle, bei denen die Rendite vor allem aus neuen Einzahlungen oder komplexen Zwischenstrukturen gespeist wird, sind kritisch zu hinterfragen. Eine tragfähige Agrarbeteiligung basiert auf realen Gütern, realen Märkten und realer Nachfrage.

Checkliste: Solide Agrarbeteiligung

- ☐ Klare rechtliche Struktur ohne Nachschusspflichten
- ☐ Nachweisbares, erfahrenes Management mit real bewirtschafteten Flächen
- ☐ Eingeplante Sicherheitsreserven und Reserveflächen zur Risikopufferung
- ☐ Regelmäßige, nachvollziehbare Berichte und transparente Kommunikation
- ☐ Erträge aus realer landwirtschaftlicher Produktion statt aus Finanzkonstruktionen

Mit Miscanthus wurde das Prinzip der kollektiven Produktion dargestellt. Das nächste Modell folgt einer anderen Logik. Hier entsteht Wert nicht primär aus laufender Ausschüttung, sondern aus dem Zusammenspiel von biologischem Wachstum und Bodenentwicklung im Eigentum des Anlegers.

Paulownia – Eigentum an produktivem Boden

Bei diesem Modell erwerben Anleger ein konkretes Grundstück, das im eigenen Namen im Grundbuch eingetragen wird. Der Vermögenswert besteht damit unabhängig von der operativen Bewirtschaftung als realer Sachwert. Ein Beispiel für dieses Prinzip ist die Baumart Paulownia. Der schnell wachsende Laubbaum stammt ursprünglich aus Ostasien und wird heute forstwirtschaftlich kultiviert. Das Holz ist leicht, formstabil und zugleich belastbar.[113] Es findet Anwendung im Möbelbau, im Innenausbau und im technischen Leichtbau. Wirtschaftlich relevant ist vor allem das rasche Wachstum des Baums bei zugleich guter Holzqualität.

Ein wesentlicher biologischer Vorteil liegt in seinem Wurzelsystem. Nach der ersten Ernte treibt der Baum erneut aus. Da das Wurzelsystem bereits vollständig ausgebildet ist, entfällt die kostenintensive Neupflanzung, während die Produktionsfähigkeit der Fläche erhalten bleibt. Dadurch entstehen über Jahrzehnte wiederkehrende Erntezyklen, ohne dass jedes Mal von Grund auf neu gepflanzt werden muss.

Die wirtschaftliche Logik dieses Modells beruht auf zwei voneinander unabhängigen Komponenten: dem biologischen Wachstum der Bäume als nachwachsendem Rohstoff und der eigenständigen Entwicklung des Bodens. Wert entsteht nicht nur aus laufender Nutzung, sondern auch aus Besitz.

Landeigentum als Vermögensbasis

Eigentum bildet dabei die rechtliche Grundlage. Das Grundstück wird im eigenen Namen im Grundbuch geführt und bleibt unabhängig von Erntezyklen oder operativer Bewirtschaftung im Eigentum des Anlegers.

Die praktische Bewirtschaftung übernehmen forstwirtschaftliche Fachbetriebe vor Ort. Sie verantworten Pflanzung, Pflege, Schnittmaßnahmen, Bewässerungsmanagement und Ernte im Auftrag der Eigentümer. Dafür fallen jährliche Pflegekosten an, die in die Wirtschaftlichkeitsrechnung einbezogen werden müssen. Gleichzeitig stützt sich das Modell auf die Erfahrung regionaler Spezialisten, die Standort, Bodenverhältnisse und Wachstumsbedingungen professionell betreuen.

Die Trennung von Eigentum und Bewirtschaftung bedeutet, dass der Vermögensgegenstand nicht an die Solvenz eines einzelnen Betreibers gebunden ist und veräußert, übertragen oder belastet werden kann. In seiner Grundanlage ähnelt das Modell klassischem Landbesitz mit produktiver Nutzung.

Dieses Modell ist strukturell nicht auf kurzfristige Veräußerung ausgerichtet. Grundstück und Baumbestand können grundsätzlich übertragen oder verkauft werden, ein liquider Sekundärmarkt mit täglicher Preisfeststellung besteht jedoch nicht. Die wirtschaftliche Logik ist langfristig angelegt – eher als generationenübergreifende Vermögenskomponente denn als taktisches Handelsobjekt. Wer kurzfristige Flexibilität sucht, wird hier weniger passende Strukturen finden als Investoren mit einem mehrjährigen oder familiären Planungshorizont.

Kroatien als Standort: EU-Recht, niedrige Einstiegspreise, stabile Perspektive

Kroatien gehört zu den EU-Ländern, in denen Bürger und Gesellschaften aus anderen Mitgliedsländern regulär Agrarland erwerben können, einschließlich der Eintragung ins Grundbuch.[114] Die Böden zählen zu den günstigeren innerhalb der EU[115] und bieten damit moderate Einstiegskosten und realistische Entwicklungschancen. Nach EU-Beitritt, Euro-Einführung und umfassenden Reformen gilt Kroatien als politisch und wirtschaftlich stabil.[116] Eigentumsrechte sind klar definiert und registriert.[117] Ein praktischer Vorteil des vorgestellten Modells: Notarielle Beurkundungen können per Vollmacht erfolgen. Besichtigungen sind möglich, aber nicht zwingend notwendig.

Viele internationale Agrarmodelle basieren darauf, dass Anleger zwar Bäume besitzen, jedoch kein Land. Bei Paulownia-Flächen in Kroatien liegt das Grundstück im Eigentum des Investors. Die Ertragslogik ist damit nicht an ein Pachtmodell gebunden.

Wie bei allen Agrarmodellen bestehen natur- und marktbedingte Risiken: Wetter, Standortbedingungen, Pflegequalität, Holzpreiszyklen, politische Rahmenbedingungen und die Entwicklung der CO_2-Märkte. Als kleinere Volkswirtschaft ist Kroatien konjunkturell sensibler als große Industriestaaten, bewegt sich jedoch innerhalb des institutionellen Rahmens der Europäischen Union.[118]

Kroatische Agrarflächen haben in den vergangenen Jahren mehr als 34 Prozent Wertzuwachs innerhalb von sechs Jahren verzeichnet, besonders nach Ende des Ausländer-Moratoriums.[119] Dieser Bodenwert ist unabhängig vom Holzertrag und beeinflusst das Gesamtbild.

Strukturelle Werttreiber des Modells

Die strukturelle Besonderheit dieses Modells liegt darin, dass die wirtschaftliche Dynamik zeitversetzt entsteht. Während im ersten Zyklus die wesentlichen Aufbaukosten anfallen, verändert sich im zweiten Zyklus die Kostenstruktur grundlegend: Das etablierte Wurzelsystem ermöglicht erneuten Austrieb ohne Neupflanzung, sodass geringere laufende Aufwendungen erneut verwertbare Produktionskapazität gegenüberstehen. Die Wertschöpfung speist sich damit primär aus der biologischen Regenerationsfähigkeit der Fläche.

Holz ist ein international gehandelter Rohstoff. Rohstoffdaten der Weltbank zeigen für Schnittholz und Rundholz über längere Zeiträume nominal steigende Preisniveaus bei zyklischen Schwankungen.[120] Diese Entwicklung unterliegt konjunkturellen Einflüssen, verweist jedoch auf die reale Rohstoffkomponente des Marktes. Das Modell verbindet damit eine strukturell bedingte Kostenreduktion im Folgezyklus mit der Einbindung in einen globalen Rohstoffmarkt.

Ergänzend besitzt die Bewirtschaftung eine ökologische Dimension. Paulownia-Bäume binden während ihres Wachstums CO_2. Unter bestimmten Markt- und Zertifizierungsbedingungen kann daraus perspektivisch eine zusätzliche wirtschaftliche Nutzung entstehen. Ob und in welchem Umfang CO_2-Zertifikate tatsächlich monetarisiert werden können, hängt jedoch von anerkannten Standards, regulatorischen Rahmenbedingungen und der konkreten Ausgestaltung des Projekts ab.

Wert und Substanz agrarischer Sachwerte

Agrarsachwerte funktionieren nach einer Logik, die in der Finanzwelt selten geworden ist: Wert entsteht durch Nutzung realer Ressourcen. Miscanthus und Paulownia stehen dabei für zwei unterschiedliche Prinzipien – gemeinschaftliche Ertragsmodelle einerseits, eigentumsbasierte Wertzyklen andererseits.

Agrarische Sachwerte führen Vermögen auf reale Prozesse zurück: Boden, Wachstum, Produktion. Sie ersetzen keine anderen Anlageklassen, bilden jedoch einen Kontrast zu rein digitalen oder abstrakten Wertformen. Darin liegt ihr Beitrag zur Vermögensarchitektur.

Öl als unterschätzter Sachwert

Kaum ein Thema wird heute so emotional diskutiert wie Energie. Zwischen Klimaschutz, Versorgungssicherheit und Wirtschaftlichkeit prallen Interessen und Überzeugungen aufeinander. Viele Anleger schrecken deshalb vor Beteiligungen an fossilen Energieträgern zurück: nicht aus wirtschaftlichen, sondern aus ideologischen Gründen.

Eine sachliche Betrachtung zeigt: Zwischen der öffentlichen Debatte und den realen Versorgungsbedürfnissen liegen oft große Unterschiede. Nach Angaben der *International Energy Agency (IEA)* bewegte sich die weltweite Ölnachfrage im Jahr 2024 bei rund 103 Millionen Barrel pro Tag und erreichte damit ein historisch hohes Niveau.[121] In ihrem Bericht *Oil 2024 – Analysis and forecast to 2030* unterscheidet die IEA mehrere Entwicklungspfade. Je nach politischem und regulatorischem Szenario geht sie bis 2030 von einer Stabilisierung oder einem moderaten Rückgang der Nachfrage aus. Nur in konsequenten *Netto-Null-Szenarien*, die eine klimaneutrale Weltwirtschaft bis 2050 unterstellen, fällt der Rückgang deutlich stärker aus.[122] Parallel dazu ist der Ausbau erneuerbarer Energien mit einem steigenden Bedarf an industriellen Rohstoffen verbunden. Windkraftanlagen, Photovoltaikmodule und Batteriespeicher erfordern erhebliche Mengen an Stahl, Kupfer, Nickel, Lithium und weiteren Metallen. Die Gewinnung, Verarbeitung und der Transport dieser Materialien sind energieintensive Prozesse. Da der globale Energiemix weiterhin in hohem Maße auf fossilen Quellen basiert, entstehen auch im Rahmen der Energiewende gegenwärtig substanzielle Primärenergiebedarfe. Auch eine auf erneuerbaren Technologien basierende Infrastruktur erfordert erhebliche materielle und energetische Vorleistungen.[123]

Ein Beispiel verdeutlicht die Dimension der Transformation: Die Freie und Hansestadt Hamburg hat sich das Ziel gesetzt, bis 2040 klimaneutral zu werden.[124] Nach der CO_2-Bilanz des Statistikamtes Nord lagen die Emissionen Hamburgs 2023 bei rund 12,5 Millionen Tonnen.[125]

Zwischen 2013 und 2023 sank der CO_2-Ausstoß Hamburgs um rund 4,6 Millionen Tonnen, das entspricht einem Durchschnitt von etwa 0,46 Millionen Tonnen pro Jahr. Um das Ziel der Klimaneutralität bis 2040 zu erreichen, müsste sich dieses Reduktionstempo auf rund 0,74 Millionen Tonnen pro Jahr erhöhen. Das entspräche einer Beschleunigung von etwa 60 Prozent gegenüber der vergangenen Dekade.[126]

Gleichzeitig ist Hamburg als Stadtstaat mit begrenzter eigener Erzeugungskapazität in das bundesweite Stromsystem eingebunden. Die Szenarien des Netzentwicklungsplans weisen Hamburg als Bundesland mit strukturellem Stromimportbedarf aus.[127] Die Elektrifizierung von Industrie, Verkehr und Wärmeversorgung setzt daher nicht nur lokale Maßnahmen voraus, sondern einen koordinierten Ausbau von Erzeugungs- und Netzkapazitäten auf nationaler Ebene.

Die rechnerische Beschleunigung von rund 60 Prozent gegenüber der vergangenen Dekade macht deutlich, dass die zweite Phase der Dekarbonisierung anspruchsvoller wird als die erste. Die verbleibenden Emissionen betreffen allerdings zunehmend strukturelle Bereiche wie Industrie, Wärmeversorgung und Verkehr, also Sektoren, die technisch komplexer und kapitalintensiver umzubauen sind als frühere Effizienzgewinne.

Hinzu kommt: Als Stadtstaat mit begrenzter eigener Erzeugungskapazität ist Hamburg in das bundesweite Stromsystem eingebunden. Der notwendige Umbau kann daher nicht allein auf kommunaler Ebene organisiert werden. Er setzt einen beschleunigten Ausbau von Erzeugungs- und Netzkapazitäten auf nationaler Ebene voraus sowie eine koordinierte Energie- und Industriepolitik über Ländergrenzen hinweg.

Die Zielerreichung ist damit nicht ausschließlich eine Angelegenheit lokaler Maßnahmen, sondern abhängig von gesamtstaatlicher Infrastruktur, regulatorischen Rahmenbedingungen und der Geschwindigkeit bundesweiter Investitionsprozesse. Politische Beschlüsse definieren das Ambitionsniveau. Die tatsächliche Umsetzung hängt davon ab, ob Infrastruktur, Investitionsvolumen und Genehmigungsprozesse das notwendige Beschleunigungstempo tragen können.

Öl als realer Sachwert

Öl besitzt Eigenschaften, die es aus ökonomischer Sicht zu einem klassischen Sachwert machen: begrenzte Vorkommen, physische Substanz, globale Handelbarkeit und eine etablierte Nachfrage. Es lässt sich lagern, transportieren und veredeln. Seine Preisbildung erfolgt auf transparenten Märkten und es existiert eine funktionierende industrielle Infrastruktur.

Viele klassische Finanzanlagen wie Aktien, Fonds oder Derivate sind Ansprüche auf künftige Unternehmensgewinne oder Kursentwicklungen. Beteiligungen an Öl- und Energieprojekten zählen dagegen zu den sogenannten Real Assets: Ihr wirtschaftlicher Wert steht langfristig in engem Zusammenhang mit Produktion und realem Energieverbrauch. Solche Projekte können laufende Zahlungsströme aus der Förderung generieren. In der Portfoliotheorie werden Real Assets wie Energie daher als mögliche Beimischung diskutiert, um ein Portfolio um reale, einkommensorientierte Werte zu ergänzen und breiter zu diversifizieren.[128]

Wichtig ist jedoch, zwischen *Eigentum* an einem Rohstoff und *Beteiligung* an dessen Förderung zu unterscheiden. Bei klassischen

Fonds oder Aktien von Ölkonzernen unterliegt die Anlage Marktschwankungen, Managemententscheidungen und geopolitischen Risiken. Bei Direktbeteiligungen an bestehenden Förderfeldern hingegen geht es um reale Produktionsrechte mit unmittelbarem Ertragsfluss, also um ein echtes Asset.

Zugang über US-Förderbeteiligungen

In den USA haben sich über Jahrzehnte Beteiligungsstrukturen entwickelt, die es auch Privatinvestoren ermöglichen, sich direkt an der Öl- und Gasförderung zu beteiligen. Das Land dient in diesem Zusammenhang häufig als Referenz, weil solche Modelle dort historisch gewachsen, rechtlich klar strukturiert und vergleichsweise transparent zugänglich sind. In vielen anderen Förderländern existieren zwar ebenfalls projektbezogene Beteiligungsformen, sie sind jedoch oft stärker institutionell geprägt, regulatorisch komplexer oder für Privatanleger kaum erreichbar. Das US-Modell steht daher exemplarisch für eine ausgereifte Struktur, nicht für ein geografisches Alleinstellungsmerkmal.

Innerhalb dieser Strukturen erwerben Investoren Rechte an bestehenden Bohrlöchern oder beteiligen sich an der Reaktivierung bereits produktiver Felder. Solche Projekte verbinden geologische Expertise mit klaren Eigentumsstrukturen und nachvollziehbaren betrieblichen Abläufen. Viele Betreiber verfügen über jahrzehntelange Erfahrung in Exploration, Förderung und Energiemanagement sowie über eine breite Basis aktiver Förderrechte in mehreren US-Bundesstaaten. Entscheidend ist die Verbindung technischer Geologie mit betriebswirtschaftlichem Verständnis. Wirtschaftlich tragfähige Projekte beruhen auf der systematischen Auswertung geologischer Daten, von Förderprofilen und Kostenstrukturen.

Projektbeispiel 1: Clam Lake Field – Texas

Das sogenannte Clam-Lake-Feld liegt im südlichen Jefferson County, etwa 13 Meilen westlich von Sabine (Texas) und drei Meilen vom Golf von Mexiko entfernt. Seit 1938 wird hier ununterbrochen gefördert, ursprünglich von Exxon, heute unter moderner Leitung. Die Lagerstätte ist eine Salzstockformation im Louann-Salz aus dem späten Jura, eine geologisch stabile Struktur, die für konstanten Förderdruck sorgt. Die Fördermengen sind planbar, die Erschließungskosten vergleichsweise niedrig und durch moderne Horizontalbohrtechnik lässt sich der Ertrag weiter optimieren. Nach Angaben des Projektbetreibers (Stand: Dezember 2025) umfasst das Fördergebiet rund 8.254 Acres (≈ 33 Quadratkilometer). Die aktuelle Produktion wird mit etwa 200 Barrel pro Tag (BOPD) angegeben. Der wirtschaftliche Break-even-Punkt soll unter 30 USD pro Barrel liegen. Die nachgewiesenen Reserven werden bei aktuellen Marktpreisen mit über 200 Millionen USD bewertet. Das technische Entwicklungspotenzial wird auf mehr als 2.000 BOPD bei Reaktivierung zusätzlicher Bohrlöcher geschätzt.

Das Feld befindet sich in einer sekundären Entwicklungsphase. Bestehende Bohrungen sollen unter Einsatz moderner 3D-Seismik analysiert und reaktiviert werden. Ziel ist es, auf Basis historischer Förderdaten und aktueller geophysikalischer Verfahren zusätzliche Produktionspotenziale zu erschließen. Die Bohrdienstleistungen erfolgen laut Anbieter teilweise zu reduzierten Kosten, da sie im Zusammenhang mit der Projektakquisition stehen.[129]

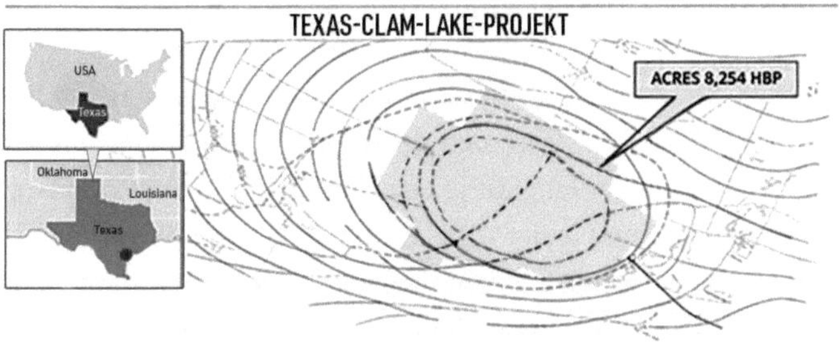

Abb. 8-1: Lage des Clam-Lake-Feldes im Jefferson County (Texas)
Die Karte zeigt die Lage und geologische Struktur des Clam-Lake-Feldes im Süden des Jefferson County in Texas, etwa 13 Meilen westlich von Sabine und drei Meilen vom Golf von Mexiko entfernt. Das Feld umfasst rund 8.254 Acres (ca. 33 Quadratkilometer) und befindet sich seit 1938 ununterbrochen in Produktion.

Die geologische Struktur mit erhöhtem Salzgehalt wird mit stabilen Förderprofilen in Verbindung gebracht. Daraus ergibt sich die Erwartung einer vergleichsweise gut kalkulierbaren Produktionsentwicklung. Das Projekt unterliegt dem regulatorischen Rahmen der Vereinigten Staaten, einschließlich umwelt- und eigentumsrechtlicher Vorgaben.

Projektbeispiel 2: East Poplar/Palomino – Montana

Der Osten Montanas – insbesondere die East Poplar Unit im Roosevelt County – liegt über den ölhaltigen Formationen des Williston-Beckens, einer langjährig erschlossenen Förderregion Nordamerikas. In diesem Gebiet wird seit den 1950er-Jahren produziert; technologische Entwicklungen wie horizontale Bohrungen und Fracking haben die Fördermethoden seit den 2000er-Jahren weiter verändert.

Nach Projektangaben (Stand: Dezember 2025) umfasst das Fördergebiet rund 34.134 Acres (≈ 138 Quadratkilometer). Die Förderung in der Region besteht seit 1952, was auf eine langfristige geologische Produktivität des Feldes hinweist.

Für die dem Projekt zugeordneten Einheiten wird eine aktuelle Produktion von über 100 Barrel pro Tag ausgewiesen. Das gesamte Feld East Poplar/Palomino erreichte im April 2025 eine Gesamtproduktion von rund 3.300 Barrel pro Tag. Die kleinere Zahl bezieht sich damit auf die projektbezogenen Einheiten, während die größere Zahl die Feldgesamtleistung beschreibt.

Der vom Anbieter genannte *Net Revenue Interest* (NRI) liegt bei über 80 Prozent. Der NRI bezeichnet den prozentualen Anteil an der Produktion nach Abzug von Lizenzabgaben (Royalties), jedoch vor Berücksichtigung laufender Betriebskosten. Er beschreibt somit den wirtschaftlich zurechenbaren Produktionsanteil, nicht den Gewinn.

3D-seismische Daten liegen für etwa 15 Quadratmeilen (≈ 39 Quadratkilometer) vor und decken damit einen substanziellen, jedoch nicht vollständigen Teil des Gesamtgebietes ab. Die Reserveschätzung für das kombinierte Feld wird vom Anbieter mit 700 bis 800 Millionen Barrel angegeben; bislang sei nur ein vergleichsweise geringer Anteil dieser Ressourcen erschlossen worden.[130]

Der Bundesstaat Montana weist im Vergleich zu anderen US-Regionen eine lange Förderhistorie, bestehende Infrastruktur und einen klar definierten regulatorischen Rahmen für Öl- und Gasprojekte auf. Die Kombination aus laufender Produktion und weiterem Entwicklungspotenzial prägt die wirtschaftliche Ausgangslage des Projekts.

Neben den geologischen und wirtschaftlichen Aspekten ist auch der historische Umweltkontext der Region zu berücksichtigen. Das East Poplar Oil Field war in der Vergangenheit Gegenstand umweltrechtlicher Untersuchungen. Ein Bericht der *U.S. Geological Survey* dokumentiert, dass in früheren Förderperioden salzhaltige Produktionswässer und ölhaltige Rückstände in flache Grundwasserleiter gelangten und lokal zu messbaren Veränderungen der Wasserqualität führten. Diese Belastungen stehen im Zusammenhang mit Entsorgungspraktiken aus Jahrzehnten, in denen Umweltstandards und -überwachung deutlich weniger streng waren als heute.[131]

Für heutige Projekte ist daher entscheidend, unter welchen regulatorischen Rahmenbedingungen gearbeitet wird und welche technischen sowie umweltbezogenen Standards zur Anwendung kommen. Moderne Förderprojekte unterliegen in den USA umfangreichen Genehmigungs-, Monitoring- und Dokumentationspflichten auf Bundes- und Bundesstaatenebene. Für Investoren bedeutet dies, dass neben geologischen und wirtschaftlichen Kennzahlen auch Umweltauflagen und mögliche regulatorische Verpflichtungen in die Risikoprüfung einbezogen werden sollten. Eine persönliche Nachschusspflicht für Investoren ist bei der hier beschriebenen Projektstruktur nicht vorgesehen.

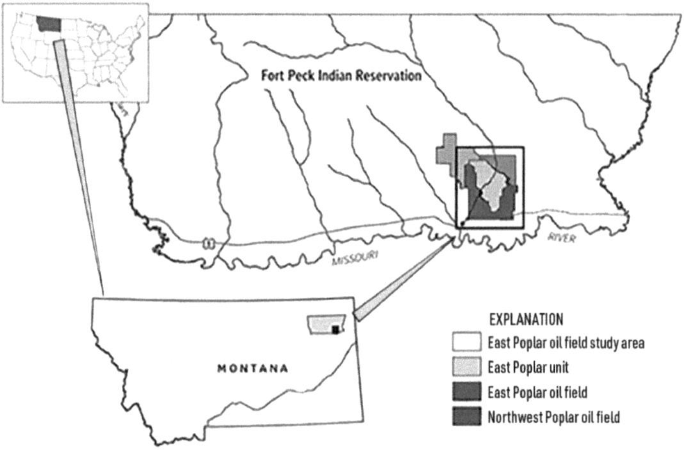

Abb. 8-2: East Poplar / Palomino-Gebiet im Roosevelt County (Montana)
Die Karte zeigt die Förderregion East Poplar und Palomino im Roosevelt County, Montana, am westlichen Rand des Williston-Beckens. Das Gebiet umfasst rund 34.000 Acres (ca. 138 Quadratkilometer) und zählt zu den ältesten kontinuierlich betriebenen Ölfeldern der Vereinigten Staaten.

Fracking heute – eine differenzierte Betrachtung

Fracking wird im öffentlichen Diskurs oft mit pauschalen Umweltgefahren verbunden. Fachbehörden wie das *U.S. Department of Energy*[132] und die *U.S. Environmental Protection Agency*[133] beschreiben jedoch ein deutlich differenzierteres Bild: Die Technologie ist in den vergangenen Jahren technisch und regulatorisch weiterentwickelt worden. Dazu gehört unter anderem ein strenger Rahmen für Bohrintegrität, Wasserhandhabung und Überwachung vor Ort. Viele Betreiber nutzen heute Verfahren, die den Einsatz von Frischwasser reduzieren und Rückflusswasser wiederverwenden, sofern es die geologischen Bedingungen zulassen.

Gleichzeitig bleibt Fracking eine industrielle Fördermethode mit spezifischen Risiken. Dazu zählen potenzielle Belastungen für Boden und Wasser bei unsachgemäßer Handhabung von Förderflüssigkeiten, die Gefahr von Leckagen entlang der Bohrlochstruktur, lokale Umweltbelastungen durch Transport, Lagerung und Entsorgung von Fördernebenprodukten sowie seismische Effekte in einzelnen Regionen durch Druckveränderungen im Untergrund. Auch die geologische Beschaffenheit eines Fördergebiets spielt eine zentrale Rolle. Tiefe, Gesteinsart, natürliche Barrieren zwischen Förderhorizont und Grundwasserleitern sowie die Dichte vorhandener Altbohrungen beeinflussen das Risikoprofil erheblich.

Wichtig ist daher die standortspezifische Bewertung. Hydrogeologische Untersuchungen im Williston Basin, das in Teilen zu Montana und North Dakota gehört, zeigen nach Analysen der U.S. Geological Survey, dass zwischen oberflächennahen Grundwasserleitern und den tiefer liegenden ölführenden Gesteinsschichten in der Regel mächtige geologische Barrieren liegen.[134] Diese stratigraphische Trennung gilt als ein wesentlicher Faktor bei der Bewertung potenzieller Risiken für Trinkwasserressourcen, ersetzt jedoch nicht die Prüfung der konkreten geologischen und betrieblichen Bedingungen jedes einzelnen Projekts.

Damit entsteht ein differenziertes Bild: Fracking ist keine risikofreie Technologie, unterliegt jedoch heute in vielen Förderregionen deutlich strengeren technischen und regulatorischen Rahmenbedingungen als in der Anfangsphase ihres Einsatzes. Fortschritte bei Bohrlochintegrität, Überwachung, Wasserhandhabung und Dokumentationspflichten haben dazu beigetragen, bestimmte Risiken zu verringern, ohne sie vollständig auszuschließen.

Für Anleger bedeutet das, dass nicht das Schlagwort »Fracking« ausschlaggebend ist, sondern die konkrete Ausgestaltung des Projekts, seine geologische Situation, die eingesetzten technischen Standards, die regulatorischen Auflagen sowie die Qualität der operativen Umsetzung.

Ökonomische Einordnung

In Zeiten geopolitischer Unsicherheit zeigt sich immer wieder, dass Energiepreise kein Zufallsprodukt sind, sondern Spiegel globaler Machtverhältnisse. Während politische Programme kurzfristige Impulse setzen, orientiert sich der Ölpreis langfristig an realer Nachfrage, Lagerbeständen und Förderkosten.

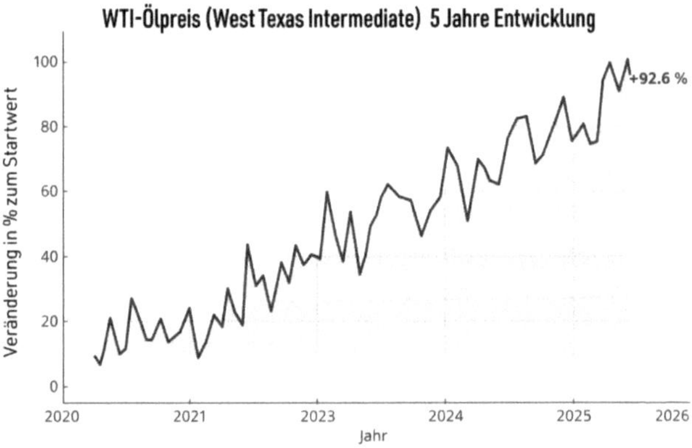

Abb. 8-3: Entwicklung des WTI-Ölpreises (West Texas Intermediate) in Prozent über fünf Jahre

Die Abbildung zeigt die prozentuale Entwicklung des WTI-Ölpreises (West Texas Intermediate) von Januar 2020 bis Oktober 2025. Der Verlauf verdeutlicht die Volatilität und gleichzeitig die langfristig positive Entwicklung des Ölmarkts über den Fünfjahreszeitraum. Die Darstellung basiert auf Daten der U.S. Energy Information Administration (EIA) und wurde für dieses Buch neutralisiert nachgebildet.

Historisch lagen die fördertechnischen Kosten vieler nordamerikanischer Felder laut der International Energy Agency im Bereich von rund 30 bis 50 USD pro Barrel, je nach Region und geologischen Bedingungen.[135] Bereits erschlossene Felder verfügen häufig über besonders niedrige Grenzkosten, sodass die laufende Produktion selbst bei moderaten Marktpreisen wirtschaftlich tragfähig bleiben kann. Die internationalen Referenzpreise *Brent* und *WTI (West Texas Intermediate)* lagen in den vergangenen Jahren deutlich oberhalb dieser Förderkostenspanne. Wie die Preisentwicklung der letzten fünf Jahre zeigt (vgl. Abb. 8-3), bewegte sich der WTI-Preis überwiegend im Bereich zwischen 70 und 90 USD pro Barrel und zeitweise sogar darüber. Damit ergibt sich ein signifikanter Abstand zwischen Marktpreis und durchschnittlichen Förderkosten, ein zentraler Treiber für operative Überschüsse bestehender Projekte.

Entscheidend bleibt jedoch nicht das absolute Preisniveau, sondern die Differenz zwischen Förderkosten und Marktpreis. Diese Spanne bestimmt die wirtschaftliche Tragfähigkeit eines Projekts.

US-Projekte sind häufig mit steuerlichen Besonderheiten verbunden. Aufwendungen für Exploration und Entwicklung können in den USA abgeschrieben werden, wodurch ein Teil der Investition über Steueranreize kompensiert wird. Für europäische Anleger hängt die konkrete Behandlung jedoch vom Doppelbesteuerungsabkommen und der individuellen Struktur ab – eine professionelle steuerliche Prüfung ist daher unerlässlich.

Chancen und Risiken

Chancen:

- Laufende Cashflows durch direkte Produktion
- Sachwertcharakter mit realer Substanz

- Inflationsschutz durch Rohstoffpreisbindung
- Diversifikation abseits finanzpolitischer Einflüsse
- Professionelle US-Projektstrukturen mit geprüfter Compliance

Risiken:

- Preisschwankungen am Weltmarkt
- Operative Ereignisse (Bohrtechnik, Wetter, Transport)
- Wechselkursrisiken bei US-Dollar-Erträgen
- Regulatorische Änderungen im Energiebereich

Der wesentliche Unterschied zu Fonds liegt in der Transparenz: Eigentums- bzw. Förderrechte sind klar definiert und juristisch nachvollziehbar. Erträge resultieren aus physischer Förderung, nicht aus Finanzkonstrukten. Investoren partizipieren damit an einer realen Industrie, die seit über 150 Jahren existiert und bis heute die Basis des Welthandels bildet.

Die globale Energiewende ist kein Sprint, sondern ein Marathon. Neue Technologien werden alte nicht über Nacht ersetzen, sondern ergänzen. Bis erneuerbare Energien die weltweite Grundlast tragen können, wird Öl weiterhin die wirtschaftliche Basis vieler Sektoren bleiben, vom Transport über die Chemieindustrie bis zur Landwirtschaft.

Für Anleger bietet dieser Übergang eine einzigartige Möglichkeit: Während öffentliche Debatten Emotionen schüren, schaffen real wirtschaftende Unternehmen stabile Cashflows. Wer die Mechanik versteht und nicht ideologisch, sondern wirtschaftlich denkt, kann von dieser Struktur profitieren, ohne sich in volatilen Finanzmärkten zu binden.

Technologiemetalle und strategische Rohstoffe

Viele Anleger denken bei Rohstoffen an Öl, Gold oder Silber. Doch für die moderne Industrie sind Metalle wie Gallium, Germanium, Hafnium, Rhenium oder Dysprosium von zentraler Bedeutung. Sie sind gering im Volumen, aber systemrelevant. Denn ohne sie funktioniert kein Smartphone, keine Windturbine, kein Elektroauto und keine moderne Verteidigungstechnik. Diese Stoffe werden als Technologiemetalle bezeichnet oder im politischen Sprachgebrauch auch als kritische Rohstoffe. Sowohl die Europäische Union als auch die Vereinigten Staaten führen eigene Listen solcher »Critical Raw Materials« bzw. »Critical Minerals«. Darauf stehen jene Elemente, die für Wirtschaft, Sicherheit und Energiewende unverzichtbar sind, deren Versorgungssicherheit jedoch als risikobehaftet gilt.[136,137] Ihr Wert entsteht also nicht durch ihre Knappheit allein, sondern durch die Unverzichtbarkeit im technologischen Bereich: Je stärker die Welt auf Digitalisierung, Energiewende und Rüstungssouveränität setzt, desto wichtiger werden diese Metalle – und desto strategisch bedeutsamer ihr Besitz.

Was Technologiemetalle auszeichnet

Unter dem Sammelbegriff »Technologiemetalle« werden in wissenschaftlichen und rohstoffpolitischen Analysen jene Elemente zusammengefasst, die aufgrund ihrer besonderen physikalischen oder chemischen Eigenschaften für Hightech-Anwendungen unersetzlich sind. Eine Zusammenschau der europäischen, amerikanischen und deutschen Klassifikationen ergibt rund 29 solcher

Elemente.[138] Dazu zählen u. a.: Antimon, Beryllium, Chrom, Gallium, Germanium, Hafnium, Indium, Iridium, Kobalt, Molybdän, Rhenium, Rhodium, Titan, Tantal und Zirkonium.

Viele dieser Metalle werden nicht primär als eigenständige Hauptrohstoffe gefördert, sondern fallen als Nebenprodukte bei der Gewinnung anderer Erze an. Ihre Verfügbarkeit hängt daher nicht allein von ihrer eigenen Nachfrage ab, sondern von der Produktion des jeweiligen Hauptmetalls. Das macht das Angebot strukturell unflexibel.

Auch die Gruppe der 17 Seltenen Erden gehört zu den technologisch besonders relevanten Rohstoffen. Dazu zählen Elemente wie Neodym, Dysprosium, Terbium oder Praseodym, die unter anderem in Dauermagneten, Lasern, Glasfasern und Elektromotoren eingesetzt werden.[139] Seltene Erden werden zwar gezielt abgebaut, liegen jedoch in komplexen Mineralverbünden vor und müssen chemisch aufwendig voneinander getrennt werden. Die Verarbeitung ist technisch anspruchsvoll und geografisch stark konzentriert. Dadurch entstehen geopolitische Abhängigkeiten, die Angebot und Preisbildung empfindlich machen.

Nachfrage und Geopolitik

Nach Einschätzung der Europäischen Kommission dürfte sich die Nachfrage nach Lithium bis 2030 verzwölffachen, bei Seltenerdmetallen – insbesondere für Dauermagnete – wird ein Anstieg um das Fünffache erwartet.[140] Dieser strukturelle Bedarf macht Abhängigkeiten sichtbar und erklärt, warum Staaten strategische Reserven aufbauen.

Gallium, Indium und Germanium gehören zu den zentralen technischen Metallen der modernen Industrie. Sie werden für Halbleiter, 5G-Komponenten, optoelektronische Anwendungen und

Photovoltaiksysteme eingesetzt. Rhenium und Hafnium finden vor allem in Hochtemperaturlegierungen der Luft- und Raumfahrt Verwendung, etwa in Turbinentriebwerken, wo besondere Materialstabilität und Hitzebeständigkeit erforderlich sind.[141]

Nahezu die gesamte europäische Versorgung mit schweren Seltenen Erden stammt aus China.[142] Das macht diese Rohstoffe zu einem geopolitischen Hebel – ein Umstand, den die EU mit dem *Critical Raw Materials Act* adressiert: Bis 2030 sollen mindestens 10 Prozent des Bedarfs an strategischen Rohstoffen aus eigener Förderung in der EU stammen, 40 Prozent innerhalb der EU verarbeitet und 25 Prozent aus Recycling gewonnen werden.[143]

Auch die USA fördern nationale Minen und strategische Reserven. Eine Unterbrechung der Lieferketten – ob durch Handelskonflikte, Exportverbote oder Umweltauflagen – kann binnen Wochen globale Produktionslinien lahmlegen.

Marktentwicklung

Zwischen Juni 2021 und Dezember 2024 entwickelten sich ausgewählte Technologiemetalle in einer gleichgewichteten Betrachtung von sieben Metallen (Gallium, Germanium, Hafnium, Rhenium, Dysprosiumoxid, Terbiumoxid, Indium) deutlich positiv. Für diesen Zeitraum ergibt sich auf Basis der zugrunde gelegten Datenauswertung ein durchschnittlicher Wertzuwachs von rund 89 Prozent.[144]

Für das Jahr 2024 weist die Auswertung ein moderateres Durchschnittsplus von rund 11 Prozent aus. Dabei entwickelten sich Gallium und Germanium erneut zweistellig positiv, während Rhenium zwischenzeitlich deutlich nachgab. Solche Schwankungen sind für Spezialmetalle aufgrund geringer Marktbreite und eingeschränkter Liquidität nicht ungewöhnlich.

Auch für 2025 zeigt eine vergleichende Betrachtung einzelner Technologiemetalle eine teilweise stärkere Entwicklung im Vergleich zu Gold oder dem S&P 500.[145]

Die genannten Werte ergeben sich aus der verwendeten Berechnungsmethodik und sind als rückblickende Betrachtung zu verstehen, nicht als Prognose.

Eigentum, Lagerung und Zugang

Der Reiz physischer Technologiemetalle liegt in der klaren Eigentumsstruktur außerhalb des Finanzsystems. Im Gegensatz zu Fondsanteilen oder Zertifikaten ist der Investor hier direkter Eigentümer eines konkret existierenden Materials, dokumentiert durch Lager- und Eigentumszertifikate. Es handelt sich somit um eine Sachwertposition ohne Emittenten- oder Bankstruktur. Hochwertige Metalle werden in gesicherten Zollfreilagern aufbewahrt, zum Beispiel in Frankfurt am Main.

Zollfreilager gelten als steuerneutraler Zwischenraum, in dem beim Erwerb bestimmter Metalle zunächst keine Umsatzsteuer anfällt. Die Metalle können dort zeitlich unbegrenzt gelagert werden, ohne dass ein unmittelbarer Weiterverkauf oder eine Auslieferung erforderlich ist. Üblicherweise gehören eine Versicherung der eingelagerten Bestände, regelmäßige Inventuren sowie eine physische Trennung nach einzelnen Eigentümern zu den Standards solcher Lagerstrukturen. Auf Wunsch ist zudem eine physische Auslieferung möglich, etwa in Form von Barren aus Metallen wie Gallium oder Germanium.

Der Verkauf erfolgt über spezialisierte Händler, die auf den Großhandel mit Industriemetallen ausgerichtet sind. Die Rücknahmepreise orientieren sich an den aktuellen Marktbedingungen, insbesondere an Angebot, Nachfrage und der Preisbildung im

Großhandel. Je nach Metall, Reinheit und Losgröße können die Konditionen variieren. Die Rücknahme erfolgt in der Regel über spezialisierte Händler zu den tagesaktuellen Marktpreisen abzüglich der üblichen Handels- und Logistikkosten.

Für Anleger bedeutet das, dass die Liquidität gegeben ist, jedoch nicht vergleichbar mit Edelmetallen wie Gold oder Silber, deren Preise an internationalen Börsen fortlaufend notiert werden. Rückkaufoptionen sollten daher vorab geprüft und schriftlich fixiert werden.

Risiken und Chancen – was Anleger wissen sollten

Die Preisschwankungen der vergangenen fünf Jahre zeigen: Technologiemetalle entwickeln sich nicht kontinuierlich, sondern verhalten sich wie typische zyklische Industriematerialien. Einzelne Elemente verzeichneten in diesem Zeitraum starke mehrjährige Anstiege, gefolgt von deutlichen Rückgängen. Diese Volatilität ist strukturell bedingt durch geringe Marktbreite, geopolitische Einflüsse und industrielle Nachfragespitzen. Wer solche Metalle hält, sollte sie nicht als kurzfristige Spekulation betrachten, sondern als langfristige Industriereserve innerhalb einer diversifizierten Vermögensstruktur.

Ein Portfolio aus mehreren Metallen – etwa Gallium, Germanium, Rhenium, Hafnium und Dysprosium – kann Klumpenrisiken reduzieren, weil diese in unterschiedlichen Industriezweigen verwendet werden. So profitieren Anleger von mehreren Technologie- und Wirtschaftszyklen gleichzeitig.

Technologiemetalle verbinden materielle Knappheit mit funktionaler Unverzichtbarkeit. Sie sind eine stille Beteiligung an den Grundpfeilern moderner Industrie: Energie, Kommunikation, Mobilität und Verteidigung. Wer sie in sein Portfolio integriert, verlagert einen Teil seines Vermögens aus der Finanzwirtschaft in die Realwirtschaft, reduziert die Abhängigkeit von Währungs- und Systemrisiken und partizipiert zugleich an der technologischen Transformation der Weltwirtschaft. Sie können damit ein logischer Baustein einer strategisch diversifizierten Vermögensstruktur sein, als Ergänzung zu Agrar-, Edel- oder Energierohstoffen.

Edelmetalle sicher lagern und einsetzen

Edelmetalle begleiten die Menschheit seit Jahrtausenden als Wertspeicher, Tauschmittel und Symbol für Beständigkeit. Vor allem Gold hat sich in vielen Epochen als verlässliche Form des Vermögensschutzes etabliert, unabhängig von politischen Systemen oder Währungen. In Phasen, in denen Inflation, Währungsschwankungen oder politische Eingriffe in die Märkte zunehmen, rückt diese Funktion wieder stärker in den Vordergrund: Gold dient vielen Anlegern als Baustein für Stabilität und Kaufkrafterhalt.[146]

Ähnlich wie bei physischen Technologiemetallen liegt auch beim Gold der Kern in der Eigentumsstruktur. Während Finanzanlagen wie Aktien, Anleihen oder Fondsanteile stets mit einem Emittenten oder einer Verwahrstelle verknüpft sind, kann physisches Gold vollständig außerhalb solcher Strukturen gehalten werden, etwa in einem privaten Tresor oder einem unabhängigen Lager. Es handelt sich nicht um eine Forderung gegen einen Schuldner, sondern um einen eigenständigen Sachwert ohne klassisches Gegenparteirisiko.

Das bedeutet nicht, dass Gold immun gegen politische Eingriffe wäre. Historisch gab es in verschiedenen Ländern zeitweilige Beschränkungen oder Verbote des privaten Goldbesitzes, bis hin zu Zwangsablieferungen. Wer Edelmetalle als Teil seiner Vermögensstruktur nutzt, sollte sich dessen bewusst sein. Physischer Besitz reduziert Abhängigkeiten von Banken und digitalen Systemen, politische Risiken können dadurch aber nicht vollständig ausgeschlossen werden.[147]

Für Anleger steht heute ein breites Spektrum an Zugangswegen zur Verfügung, von digitalen Edelmetallkonten über börsengehandelte Produkte und tokenisierte Lösungen bis hin zum klassischen physischen Erwerb mit Lagerung im Hochsicherheitsdepot. Gerade bei Gold, Silber, Platin und Palladium zeigt sich dabei ein wiederkehrendes Muster: Entscheidend ist weniger der Preis als die Frage, welche Eigentumsrechte tatsächlich erworben werden und unter welchem rechtlichen Rahmen das Metall verwahrt wird.

Professionelle Anbieter – von traditionellen Häusern bis zu internationalen Lagerdepots – haben diese Sensibilität längst erkannt. Strukturen wie die Einlagerung in Schweizer Hochsicherheitslagern oder die Depotführung über Liechtenstein bieten nicht nur logistisches Know-how, sondern auch einen klar definierten Eigentumsschutz. Damit rückt der Fokus weg vom reinen Kaufpreis hin zu dem, was Edelmetalle seit Jahrtausenden auszeichnet: reale Substanz, die unter einem durchdachten Rechts- und Verwahrkonzept einen stabilen Platz in der Vermögensaufstellung einnehmen kann.

Industrieller und ökologischer Nutzen

Edelmetalle sind weit mehr als bloße Wertaufbewahrung. Sie sind ein integraler Bestandteil technologischer Schlüsselindustrien. Gold spielt eine zentrale Rolle in der Elektronik, etwa in Halbleitern und hochzuverlässigen medizinischen Anwendungen, wo seine Leitfähigkeit und Korrosionsbeständigkeit unverzichtbar sind.[148] Silber gilt als eines der wichtigsten Metalle der Energiewende: Es ist essenziell für Photovoltaik, findet Anwendung in Batterietechnologien und wird aufgrund seiner antimikrobiellen Eigenschaften auch in der Hygiene- und Desinfektionstechnik eingesetzt.[149] Platin und Palladium wiederum gehören zu den Schrittmachern der Wasserstoffwirtschaft, von Elektrolyseuren bis zu Brennstoffzellen.[150]

Diese industrielle Nachfrage schafft eine zusätzliche Wertkomponente, die nicht ausschließlich von Finanzmarktströmen bestimmt wird. Dadurch erhalten Edelmetalle eine doppelte Funktion: materiellen Nutzen und Vermögensanker zugleich.

Die Entwicklung der letzten Jahre

Ein Blick auf die Wertentwicklung zeigt, dass Edelmetalle in unterschiedlichen Marktphasen eine stabilisierende Rolle einnehmen können. Eine beispielhafte Allokation von 35 Prozent Gold, 25 Prozent Silber, 25 Prozent Platin und 15 Prozent Palladium hätte im Jahr 2024 auf Basis der LBMA-Referenzpreise (Euro-Umrechnung) eine Wertentwicklung von +16,99 Prozent ergeben – getragen vor allem von Gold (+34,0 Prozent) und Silber (+27,2 Prozent).[151]

Auch im Jahr 2025 entwickelten sich einzelne Edelmetalle dynamisch: Bis Ende September lagen Silber bei +38,1 Prozent, Gold bei +17,9 Prozent und Platin bei +27,6 Prozent. Im Vergleich dazu verzeichnete der DAX +12,4 Prozent und der Euro STOXX 50 +14,0 Prozent.[152]

Diese Zahlen beruhen auf veröffentlichten Marktdaten und der zugrunde gelegten Gewichtung der genannten Allokation. Sie stellen keine Prognose dar.

Die Entwicklung deutet darauf hin, dass Edelmetalle in bestimmten Marktphasen eine geringere Korrelation zu Aktienmärkten aufweisen und dadurch innerhalb einer Vermögensstruktur stabilisierend wirken können.

Der österreichische Analyst Mag. Gerhard Massenbauer beschäftigt sich seit mehr als 25 Jahren mit Preiszyklen, Fördermengen und industriellen Trends im Edelmetallbereich. Massenbauer zeigt, wie eng Angebot, industrielle Nachfrage und Anlegerverhalten miteinander verflochten sind. Gold bleibt der klassische Stabilitätsanker, Silber gewinnt durch Photovoltaik und Halbleiter an strategischer Bedeutung, Platin und Palladium spielen eine zentrale Rolle in der Wasserstoff- und Hybridtechnologie. Entscheidend ist nicht der Momentpreis, sondern die Möglichkeit, Gewichtungen situativ anzupassen. Eine Streuung über mehrere Edelmetalle kann dazu beitragen, das Gleichgewicht zwischen Wertsicherung und Wachstumschancen auszubalancieren.[153]

Eine depotgestützte Struktur mit doppelter Souveränität

Neben den klassischen Formen physischer Verwahrung hat sich in den letzten Jahren ein Modell etabliert, das zwei souveräne Staaten – Liechtenstein und die Schweiz – in einer gemeinsamen Struktur vereint. Intern wird dieses Konzept als *Top-Value-Rohstoffdepot* (TVR) bezeichnet. Es verbindet rechtliche Diskretion mit logistischer Exzellenz und schafft dadurch eine Schutz- und Steuerungsstruktur, die sowohl für Privatanleger als auch für Family-Offices relevant ist.

Liechtenstein – rechtliche Diskretion und Eigentumsschutz

Das Depot wird dabei in Liechtenstein geführt, einem souveränen EWR-Staat außerhalb der Europäischen Union mit eigenständigem Rechtsrahmen. Finanzanlagen und Sachwerte unterliegen dort nicht automatisch den regulatorischen Mechanismen der EU, sondern dem liechtensteinischen Zivil- und Aufsichtsrecht.

Nach liechtensteinischem Zivilrecht können physische Edelmetalle als individuell zugeordnetes Sacheigentum verwahrt werden.[154] In dieser Ausgestaltung entsteht kein klassisches Bank- oder Wertpapierkonto.

Das Eigentum an den Metallen bleibt privatrechtlich dem Anleger zugeordnet und wird vom Betriebsvermögen des Verwahrers getrennt gehalten. Artikel 121 der liechtensteinischen Verfassung gewährleistet den Schutz von Privateigentum und erlaubt Eingriffe nur auf gesetzlicher Grundlage und gegen angemessene Entschädigung.[155]

Schweiz – Lagerdiskretion und Mehrwertsteuerfreiheit

Die physischen Edelmetalle werden in einem Hochsicherheitszollfreilager in der Schweiz verwahrt, das der Sicherheitsstufe E10 entspricht. Diese Klassifizierung steht für eine besonders hohe Schutzkategorie mit mehrstufigen Zugangskontrollen, baulichen Sicherheitsbarrieren, permanenter Überwachung und strengen Protokollen für Lagerung und Zutritt. Ein solcher Standort gilt als einer der höchsten Sicherheitsstandards für die Verwahrung wertvoller Güter.

Die Lagerung in einem schweizerischen Zollfreilager bietet mehrere konkrete Vorteile. Beim Import von Silber, Platin und Palladium in ein solches Lager fällt keine Einfuhrmehrwertsteuer an.[156] Die Metalle bleiben so lange mehrwertsteuerfrei, wie sie im Zolllager verwahrt und nicht in den freien Warenverkehr überführt werden. Gleichzeitig ermöglicht die Struktur eine diskrete Lagerung: Der Lagerbetreiber verwaltet die physischen Bestände, während die Eigentumsdaten getrennt geführt werden. Dadurch bleibt das Eigentum eindeutig zugeordnet, ohne dass es öffentlich sichtbar wird. Hinzu kommt der Standortfaktor: Die Schweiz gilt seit Jahrzehnten als international anerkannter Referenzstandort für

Edelmetalllagerung, mit politischer Stabilität, einem verlässlichen Rechtsrahmen und hoher sicherheitstechnischer Infrastruktur.

Ergänzend zu diesen Standortvorteilen bietet das Depotmodell auch günstige funktionale Aspekte, die unabhängig vom Lagerort gelten. Nach deutschem Steuerrecht können Gewinne aus dem Verkauf physischer Edelmetalle steuerfrei sein, sofern sie als privates Veräußerungsgeschäft eingestuft werden und die Haltedauer mindestens zwölf Monate beträgt (§ 23 EStG).[157] Diese Erwähnung ist ein allgemeiner Hinweis und ersetzt keine steuerliche Beratung. Innerhalb des Depots ist zudem eine Umschichtung zwischen Gold, Silber, Platin und Palladium möglich, ohne dass dafür zusätzliche Transaktionskosten anfallen. Anleger können so ihre Metallgewichtung laufend an Marktentwicklungen anpassen, ohne das Eigentum auflösen oder physisch bewegen zu müssen.

Trennung von Recht und Lagerung

Die Kombination aus Depotführung in Liechtenstein und Lagerung in der Schweiz schafft ein außergewöhnliches Maß an Privatsphäre. Die Struktur ist so konzipiert, dass Eigentumsführung und physische Lagerung in unterschiedlichen Rechtsräumen erfolgen. Diese bewusste Trennung erhöht die strukturelle Privatsphäre der Eigentumsführung bei gleichzeitig klarer rechtlicher Zuordnung.

Edelmetalle in einer durchdachten Vermögensarchitektur

Physisches Eigentum ist nur dann werthaltig, wenn es eindeutig zugeordnet und überprüfbar gesichert ist. Entscheidend ist daher die Verwahrstruktur: Wird das Metall als individueller, zugeordneter Bestand geführt oder lediglich als Anspruch innerhalb einer

Sammelverwahrung? Internationale Standards wie die Good-Delivery-Regeln der *London Bullion Market Association* – dem maßgeblichen Branchenverband für den weltweiten institutionellen Edelmetallhandel – verlangen eine klare Trennung der Bestände, zertifizierte Barrenqualität sowie regelmäßige unabhängige Prüfberichte. Damit wird sichergestellt, dass das Eigentum nicht nur rechtlich, sondern auch praktisch nachvollziehbar geschützt bleibt.[158]

Ein wesentlicher Vorteil von Edelmetallen liegt in ihrer Rolle innerhalb eines strategischen Vermögenskreislaufs. Operative Erträge aus unternehmerischen, agrarischen oder technologischen Beteiligungen können systematisch in physische Substanz überführt werden. So werden temporäre Einnahmen in dauerhafte Werte transformiert. Damit übernehmen Edelmetalle in einer modernen Vermögensstruktur eine klare Funktion: Sie stabilisieren, balancieren und schaffen Handlungsfreiheit. In vielen strategischen Allokationsmodellen liegt der Anteil zwischen 10 und 25 Prozent des Gesamtvermögens, abhängig von Zielen und Risikoprofil. Entscheidend ist die Qualität der Zugriffsmöglichkeit: Eigentum, Lagerort und Kontrolle müssen eindeutig definiert sein. Eine depotgestützte Lösung erfüllt diese Kriterien auf klare Weise: Sie bietet Nachweisbarkeit, revisionssichere Verwaltung und Flexibilität – ob als Wertspeicher, als Liquiditätsreserve oder als generationsübergreifender Vermögensanker.

Natürliche Diamanten als Sachwertanlage

Es gibt kaum eine Anlageform, die so viel Wert auf so wenig Raum konzentriert wie ein Diamant. Ein einziger Stein kann Millionen repräsentieren, ist transportabel, inflationsresistent und weltweit anerkannt. In Zeiten, in denen Vermögen stärker denn je mit Bürokratie, Kapitalverkehrskontrollen und Besteuerung verknüpft wird, gewinnen solche hochverdichteten Sachwerte an Bedeutung. Diamanten waren nie nur Schmuck, sondern seit Jahrhunderten ein Mittel zur Vermögensbewahrung. Anders als Währungen oder Aktien unterliegen sie keiner staatlichen Kontrolle, keinem Emittentenrisiko und keinem Zinszyklus. Sie existieren unabhängig von Finanzsystemen. Und diese Eigenschaft macht sie für Anleger mit Fokus auf Substanz besonders interessant.

Im Gegensatz zu Edelmetallen werden natürliche Diamanten nicht in großen Mengen standardisiert gehandelt oder gelagert. Sie sind ein individuell bewerteter Sachwert, dessen Marktpreis sich aus klar definierten Kriterien ergibt. Die Wertentwicklung natürlicher Diamanten wird langfristig vor allem durch geologische Knappheit, begrenzte Förderkapazitäten und die globale Nachfrage bestimmt.

Branchenanalysen von *Boston Consulting Group* und der *De Beers Group* zeigen, dass die globale Minenproduktion nach einem Förderhoch in den späten 2010er-Jahren ein Plateau erreicht hat. Neue Vorkommen sind kapitalintensiv und mit steigenden regulatorischen Anforderungen verbunden. Gleichzeitig haben Märkte wie China, Indien und Teile des Nahen Ostens in den vergangenen Jahrzehnten an Bedeutung gewonnen, da Diamantschmuck dort vermehrt als Ausdruck von Status und Vermögensbildung wahrgenommen wird.[159] Diese Entwicklung betrifft jedoch vor allem kleinere und mittlere Qualitäten, zunehmend auch im Labor gezüchtete Steine. Für den Investmentmarkt ist dagegen ein anderes Segment entscheidend: größere, hochwertige Naturdiamanten, deren Wert sich aus dokumentierter Qualität, geologischer Seltenheit und internationaler Handelbarkeit ergibt. Labordiamanten können diesen Seltenheitsfaktor nicht abbilden, da ihre Produktion technisch skalierbar ist. Dadurch entstehen zwei weitgehend getrennte Märkte – ein konsumorientierter Schmuckmarkt und ein selektiver Markt für seltene Natursteine.

Ein entscheidender Vorteil natürlicher Diamanten gegenüber vielen anderen Anlageformen liegt in ihrer Wertdichte. Ein fünfkarätiger Stein wiegt nur etwa ein Gramm und kann je nach Qualität einen sechs- bis siebenstelligen Betrag repräsentieren. Vermögen lässt sich damit auf engstem Raum bündeln, effizient transportieren oder in einem Zollfreilager verwahren. Gerade in geopolitisch unsicheren Zeiten schätzen Anleger diese Kombination aus Mobilität, Diskretion und internationaler Handelbarkeit.

Die 4 C – Grundlagen der Bewertung

Die Qualität und damit der Wert eines Diamanten werden nach den sogenannten »4 C« bewertet, einem System, das vom *Gemological Institute of America (GIA)* entwickelt wurde.[160] Diese vier Merkmale – Carat, Color, Clarity und Cut – bestimmen gemeinsam, wie ein Stein eingestuft und international gehandelt wird.

Carat – das Gewicht

Ein Karat (ct) entspricht exakt 0,2 Gramm. Für Anlagezwecke eignen sich nur Diamanten mit einem Gewicht ab 1,01 ct, da Steine unter einem Karat beim Wiederverkauf enorme Abschläge erfahren. Die Nachfrage am professionellen Markt konzentriert sich auf exakt definierte Handelsgrößen, weil diese international in Preislisten wie dem *Rapaport-Report* geführt werden.[161]

Color – die Farbe

Die Farbskala reicht von D bis Z. Für Anlagediamanten gelten die Qualitätsstufen D bis H als ideal. Sie wirken bei normalem Licht vollkommen farblos und besitzen eine außergewöhnliche Brillanz. Unterschiede zwischen diesen Steinen sind nur mit geschultem Auge und unter dem richtigen Licht zu erkennen. Da farblose Diamanten am Weltmarkt nur begrenzt verfügbar sind, gelten sie als besonders selten und wertbeständig.

Clarity – die Reinheit

Ein Diamant gilt als lupenrein (IF = Internally Flawless oder FL = Flawless), wenn bei zehnfacher Vergrößerung keine inneren Merkmale erkennbar sind. Diese Reinheit ist entscheidend für die Einstufung als Anlagestein, da nur lupenreine Diamanten weltweit uneingeschränkt handelbar sind. Schon kleinste Einschlüsse können den Wert deutlich beeinflussen.

Cut – der Schliff

Der Schliff ist kein Stilmerkmal, sondern der entscheidende Faktor für Brillanz und Lichtbrechung. Bewertet wird er in drei Teilbereichen – Cut Grade (Schliffqualität), Polish (Politur) und Symmetry (Proportionen). Für Anlagezwecke sollte jeder dieser Werte die Bestnote »Excellent« erreichen. Ein weniger präziser Schliff mindert den Glanz und den Preis erheblich.

Hinweis: Der Begriff *Brillant* bezeichnet ausschließlich eine runde Schliffform mit 57 Facetten. Auch andere Edelsteine – etwa ein Saphir oder Rubin – können als Brillanten geschliffen sein, wenn sie diese charakteristische Facettierung aufweisen.

Qualitätsstandards für handelbare Anlagediamanten

Wer Diamanten als Sachwertanlage betrachtet, sollte sich an klaren Mindestkriterien orientieren:

- Mindestgewicht ab 1,01 Karat
- Reinheit FL oder IF (lupenrein)
- Farbe D–H (farblos bis nahezu farblos)
- Schliffqualität »Excellent« in Cut, Polish und Symmetry
- Fluoreszenz »None« – eine starke Fluoreszenz kann Preisabschläge von bis zu 30 Prozent bewirken
- Zertifizierung durch GIA mit Lasergravur der Zertifikatsnummer am Steinrand
- Form Brillantschliff, da exakt kalkulierbar

Steine in ausgefallenen Farben (Fancy Colors) oder außergewöhnlichen Formen sind für Sammler interessant, eignen sich aber nicht für standardisierte Anlagezwecke, weil sie schwerer vergleichbar und weniger liquidierbar sind.

GIA – Qualität und Herkunftssicherheit

Das *Gemological Institute of America (GIA)* gilt als die weltweit wichtigste Prüfinstitution für Edelsteine. Es wurde 1931 gegründet und definiert bis heute die internationalen Bewertungsrichtlinien für Diamanten. Jeder Stein, der im GIA-Labor untersucht wird, erhält ein Zertifikat mit detaillierten Angaben zu Gewicht, Farbe, Reinheit, Schliff, Fluoreszenz und Proportionen. Die Berichte sind weltweit anerkannt und bilden die Grundlage für Handel, Versicherung und Zollabwicklung.

Darüber hinaus spielt das Thema legale Herkunft eine wichtige Rolle. GIA dokumentiert im Rahmen seiner Prozesse die Lieferkette der eingereichten Steine und arbeitet auf Basis internationaler Standards zur Vermeidung von sogenannten Konfliktdiamanten (»Blutdiamanten«), also Diamanten aus Regionen, in denen der Rohstoffabbau zur Finanzierung bewaffneter Konflikte genutzt wird. Für viele Käufer ist dies nicht nur eine regulatorische, sondern auch eine ethische Frage. Die Transparenz über die Herkunft eines Diamanten trägt dazu bei sicherzustellen, dass mit dem Erwerb keine problematischen Strukturen unterstützt werden. Zugleich gewinnt die dokumentierte Herkunft auch im Handel an Bedeutung, da verantwortungsvoll gewonnene Rohstoffe zunehmend als Voraussetzung für langfristige Marktakzeptanz gelten.

Jeder GIA-zertifizierte Diamant erhält eine eindeutige Zertifikatsnummer, die meist per Lasergravur auf der Rundiste angebracht ist. Als Rundiste bezeichnet man den schmalen Randbereich eines geschliffenen Diamanten, der die obere Krone vom unteren Pavillon trennt. Diese Gravur ist mit bloßem Auge kaum sichtbar, kann jedoch unter Vergrößerung gelesen werden und ermöglicht die eindeutige Zuordnung zwischen physischem Stein und Zertifikat. Über den Online-Dienst »Report Check« kann diese Nummer in der GIA-Datenbank abgeglichen und die Echtheit des Zertifikats überprüft werden.[162]

Für Anlagediamanten im hochwertigen Segment hat sich das GIA faktisch als Referenz durchgesetzt. Viele professionelle Händler und Rückkäufer orientieren sich bei der Preisfindung am Rapaport-Report und erwarten dafür in der Praxis ein GIA-Gutachten.

Steine mit Zertifikaten anderer Labore sind zwar ebenfalls handelbar, erzielen im Ankaufsfall jedoch oft geringere Preise oder finden nur in einem kleineren Käuferkreis Abnehmer.

Künstliche Diamanten – technischer Fortschritt, klare Trennung

Dank moderner Hochdruck- und CVD-Technologien (Chemical Vapor Deposition) können heute Diamanten im Labor hergestellt werden, die in ihrer chemischen Zusammensetzung und optischen Erscheinung echten Steinen nahezu entsprechen. Diese sogenannten *Lab-Grown Diamonds* bestehen aus demselben Material – kristallinem Kohlenstoff – und sind keine Imitationen, sondern künstlich erzeugte Diamanten.

Für den Schmuckmarkt ist das ein bedeutender Wandel: Die Preise für Laborsteine sind seit 2018 laut Branchenanalysen um rund 70 Prozent gefallen und in einzelnen Segmenten liegen die Rabatte gegenüber vergleichbaren natürlichen Diamanten heute bei bis zu rund 80 Prozent.[163] Für den Anlagebereich ändert das jedoch nichts an der Grundlogik. Laborsteine sind keine Sachwerte, weil sie beliebig reproduzierbar sind und somit keine natürliche Knappheit besitzen. Zertifizierungsstellen wie das GIA oder IGI kennzeichnen Laborsteine eindeutig als »Laboratory Grown«, eine klare und überprüfbare Trennung.

Der Markt hat sich dadurch zweigeteilt. Synthetische Steine dominieren zunehmend den Schmuckkonsum, während natürliche Diamanten vor allem für Vermögenszwecke nachgefragt werden. Die Preise für natürliche Anlagediamanten werden davon kaum beeinflusst. Im Gegenteil, die Verfügbarkeit künstlicher Alternativen hat den Fokus auf geprüfte, echte Diamanten als dauerhafte Wertanlage eher gestärkt.

Langfristig dürfte der Trend zu Laborsteinen sogar stabilisierend wirken, weil er die Konsumnachfrage bedient und so den Bestand an natürlichen Edelsteinen entlastet. Für Anleger entsteht damit eine klare Orientierung: technologische Reproduzierbarkeit auf der einen Seite, natürliche Seltenheit und historische Wertfunktion auf der anderen.

Struktur und Einordnung von Anlagediamanten

Der internationale Diamantenhandel orientiert sich an der *Rapaport-Liste*, die wöchentlich in New York erscheint. Sie dient als Referenzpreis für professionelle Händler und berücksichtigt Karat, Farbe und Reinheit, nicht jedoch Schliffqualität oder Fluoreszenz. Diese Faktoren erklären, warum tatsächliche Marktpreise von den Rapaport-Werten abweichen können.

Der Rapaport-Report schafft einen globalen Bewertungsrahmen, an dem sich auch Versicherer und Zollfreilager orientieren. Dadurch sind hochwertige Anlagediamanten weltweit handelbar.

Ein weiterer Vorteil natürlicher Diamanten liegt in der Möglichkeit, sie in einem Zollfreilager zu verwahren. In der Schweiz können Wertgegenstände wie Edelmetalle oder Diamanten in Hochsicherheitslagern aufbewahrt werden, die außerhalb des zollrechtlichen Binnenmarkts liegen. Wird ein Diamant direkt in ein solches Lager eingebracht oder dort erworben, fällt keine Einfuhrmehrwertsteuer an. Die Entnahme ist grundsätzlich möglich, etwa zur Auslieferung oder zum Weiterverkauf. Dadurch lassen sich Vermögenswerte diskret und effizient strukturieren – vergleichbar mit einem Edelmetalldepot, jedoch in wesentlich kompakterer Form.[164]

Diamanten bieten eine hohe Wertdichte bei geringem Platzbedarf, sind weltweit handelbar, schützen vor Währungs- und Systemrisiken, lassen sich steuerfrei lagern und profitieren von einem natürlichen Angebotsrückgang. Ihre Grenzen liegen in der fehlenden laufenden Ertragskomponente, in Kauf- und Verkaufsspreads, der Notwendigkeit von Fachwissen und der sorgfältigen Prüfung von Herkunft und Zertifikaten. Sie sind keine spekulative Anlage, sondern eine Form der Wertkonservierung – geeignet für Anleger, die bereits diversifiziert sind und einen Teil ihres Vermögens außerhalb des Finanzsystems halten möchten.

Ein Diamant ist mehr als ein funkelnder Kristall, er ist verdichtetes Vermögen in reinster Form. Wer die Qualitätsmerkmale kennt und nur nach objektiven Standards investiert, erhält einen Sachwert, der über Generationen Bestand hat. Er trägt keinen Zins, verliert aber auch keine Substanz. Zwischen Goldbarren und Grundbesitz steht er als Symbol für diskrete, mobile und zeitlose Wertbewahrung. Diamanten sind kein Ersatz für Liquidität, sondern ein Ausdruck von Unabhängigkeit.

Das Perpetuum mobile des Vermögens

Wie anfangs bereits erwähnt, beginnen viele Anleger mit Streuung, indem sie ihr Kapital verteilen, um Risiken zu mindern. Dieses Prinzip wirkt zunächst logisch, denn Vielfalt gilt als Schutz. Doch Streuung allein ist noch kein System. Erst wenn Kapitalflüsse miteinander verbunden werden, entsteht Bewegung. Rückflüsse werden zu Energie, die den nächsten Zyklus antreibt. So verwandelt sich bloßes Verteilen in Gestalten, aus Einzelelementen entsteht ein lebendiger Kreislauf. In dieser Dynamik liegt der Unterschied zwischen Besitz und Struktur. Wer seine Kapitalflüsse versteht und steuert, erschafft mehr als ein Portfolio: ein System, das sich selbst trägt, ein finanzielles Perpetuum mobile.

Das Prinzip des finanziellen Perpetuum mobile

Im physikalischen Sinn kann sich kein System unendlich selbst antreiben. In der Vermögensgestaltung lässt sich jedoch ein Mechanismus aufbauen, bei dem Kapital dauerhaft in Bewegung bleibt. Ertrag erzeugt Ertrag. Ein Teil der Rückflüsse aus Beteiligungen fließt in stabile Sachwerte – etwa Edelmetalle oder Rohstoffe – die den Wert bewahren und neue Handlungsspielräume eröffnen. Gewinne daraus werden wieder eingesetzt, um produktive Beteiligungen zu erweitern. So entsteht ein Kreislauf aus Beteiligung → Ertrag → Sachwert → Wertzuwachs → neue Beteiligung. Kapital wird zum geschlossenen System, das sich selbst erhält, weil seine Teile ineinandergreifen.

Abb. 11-1 – Prinzip eines finanziellen Kreislaufs

Die Abbildung zeigt das Prinzip eines sachwertgedeckten Kapitalflusses, auch bezeichnet als »Perpetuum mobile des Vermögens«. Sie veranschaulicht, wie Erträge aus einer produktiven Beteiligung regelmäßig zurückgeführt werden und in reale Sachwerte fließen können. Aus deren Wertzuwachs entstehen neue finanzielle Handlungsspielräume, die entweder für Reinvestitionen oder für Auszahlungen genutzt werden können. Der Kreislauf verdeutlicht die Verbindung zwischen Ertrag, Stabilität und Flexibilität – Kapital bleibt in Bewegung, ohne an Substanz zu verlieren.

Hinweis: Diese Darstellung dient der Veranschaulichung eines Prinzips und stellt kein konkretes Anlageangebot dar.

Erträge sind kein Endpunkt, sondern Beginn eines neuen Zyklus. Wer sie bewusst lenkt, denkt nicht nur in Gewinnen, sondern in Rückflüssen: Kapital arbeitet dann weiter, statt stillzuliegen. Reinvestitionen in Substanzwerte, die wiederum Erträge erzeugen, stärken das Gesamtsystem und verleihen ihm jene Ruhe in der Bewegung, die echte Stabilität ausmacht.

Die sieben Prinzipien stabiler Vermögensarchitektur

Über Generationen hinweg folgen erfahrene Unternehmerfamilien und Vermögensinhaber ähnlichen Grundmustern, wenn es darum geht, Werte nicht nur aufzubauen, sondern auch durch Krisen, politische Zyklen und wirtschaftliche Umbrüche zu erhalten. Diese Prinzipien sind Ausdruck einer langfristigen Haltung gegenüber Eigentum, Risiko und Verantwortung.

1. Ertrag vor Spekulation

Nachhaltiger Vermögensaufbau entsteht in der Regel dort, wo reale wirtschaftliche Tätigkeit planbare Rückflüsse ermöglicht. Spekulative Preisbewegungen können Gewinne erzeugen, sie sind jedoch nicht strukturell verlässlich. Tragfähige Vermögensstrukturen beruhen auf laufender Wertschöpfung durch Produktion, Nutzung oder Vermietung.

2. Standort- und Strukturkompetenz

Vermögende Familien integrieren steuerliche und rechtliche Rahmenbedingungen in ihre strategische Planung. Unterschiedliche Jurisdiktionen schaffen unterschiedliche Voraussetzungen für Eigentum, Unternehmensführung, Vermögensübertragung und

Besteuerung. Die Auswahl des Standorts folgt dabei dem Ziel, Stabilität, Rechtssicherheit und Effizienz zu gewährleisten. Internationale Strukturen und gesellschaftsrechtliche Lösungen sind seit jeher Bestandteil unternehmerischer Vermögensarchitektur.

3. Eigentum durch Struktur

Vermögende trennen Funktionen voneinander. Eigentum, Verwaltung, Haftung und Nachfolge werden häufig über rechtliche Strukturen wie Gesellschaften, Genossenschaften oder Stiftungen organisiert. Ziel ist eine klare Ordnung: definierte Zuständigkeiten, geregelte Entscheidungswege und die Möglichkeit, Vermögen generationenübergreifend zu sichern.

4. Währungs- und Systemresilienz

Geldsysteme und politische Rahmenbedingungen verändern sich, teilweise abrupt. Reale Werte wie Land, Rohstoffe oder produktive Anlagen sind nicht vollständig von Währungs- und Finanzsystemen abhängig. Sie können auch dann Substanz bewahren, wenn monetäre Größen schwanken. Systemresilienz bedeutet daher keine Systemverweigerung, vielmehr eine bewusste Streuung über verschiedene wirtschaftliche und rechtliche Räume.

5. Inflationsschutz durch Substanz

Inflation entwertet nominale Forderungen, nicht jedoch den Nutzen realer Güter. Dinge, die gebraucht werden – Nahrung, Energie, Wohnraum, Materialien – behalten ihren funktionalen Wert, auch wenn die Rechnungseinheit an Kaufkraft verliert. Substanzbasierte Anlagen sind deshalb nicht inflationsfrei, aber oft inflationsrobuster als rein finanzielle Anlagen.

6. Physische Verankerung

Vermögenswerte, die dokumentiert, gelagert oder notariell registriert sind, besitzen eine andere Qualität als rein digitale oder vertragliche Forderungen. Ein Grundbuch, ein Lagerzertifikat oder ein physisch vorhandener Rohstoff schafft eine direkte Zuordnung zwischen Eigentümer und Objekt. Diese physische Verankerung kann in Zeiten rechtlicher oder politischer Unsicherheit eine stabilisierende Rolle spielen.

7. Transparenz und Governance

Langfristige Vermögensstrukturen leben von Vertrauen und Vertrauen entsteht aus Klarheit. Präzise Verträge, nachvollziehbare Prozesse, regelmäßige Berichte und überprüfbare Zahlen machen Strukturen belastbar für Eigentümer, Erben, Partner und externe Prüfer. Gute Governance, also gute Verwaltung und Führung, bildet die Grundlage dafür, dass Vermögen über Generationen hinweg funktionsfähig bleibt.

Diese Prinzipien bilden das Gerüst, auf dem Stabilität wächst. Sie ersetzen keine Flexibilität, sie ermöglichen sie.

Vermögen als Struktur statt als Sammlung von Produkten

Produkte ändern sich, Märkte schwanken, Trends kommen und gehen. Eine tragfähige Struktur bleibt. Sie verbindet Sachwerte, Liquiditätsreserven und rechtlich saubere Zugänge zu einem funktionalen Ganzen. Wer die eigenen Kapitalströme kennt, denkt automatisch wie ein Architekt: Er erkennt das Zusammenspiel der Elemente und trifft Entscheidungen aus einem inneren Plan heraus, nicht aufgrund äußerer Impulse. Dieser Perspektivwechsel markiert einen mentalen Wandel. Ein Investor sucht Chancen. Ein Architekt schafft Zusammenhänge. Der Fokus verschiebt sich weg von der Maximierung einzelner Erträge hin zur Balance des Ganzen. Wer seine Struktur kennt, reagiert gelassener auf Schwankungen, weil er versteht, wie die Teile ineinandergreifen. Stabilität entsteht in Systemen, die Veränderung integrieren und dabei ihr Gleichgewicht bewahren.

Eine solche Vermögensarchitektur lässt sich auf vier grundlegende Ebenen zurückführen. Am Anfang steht das Eigentum: Welche Werte sind eindeutig zugeordnet und rechtlich gesichert? Darauf aufbauend folgt der Zugriff: Wer verfügt tatsächlich über Entscheidungsbefugnis und Handlungsvollmacht? Die dritte Ebene betrifft die Liquidität: Welche Mittel sind flexibel verfügbar, welche langfristig gebunden? Erst auf dieser Basis entfaltet Kapital seine Wirkung: Welche Ziele soll es im eigenen Leben, in der Familie oder im unternehmerischen Umfeld unterstützen?

Diese Ebenen bedingen einander. Eigentum schafft die Grundlage, Zugriff ermöglicht Steuerung, Liquidität bestimmt die Beweglichkeit und Wirkung entsteht aus dem Zusammenspiel aller drei. Wer diese Struktur bewusst gestaltet, erkennt nicht nur, was er besitzt, sondern auch, wie sein Vermögen tatsächlich arbeitet und wo Abhängigkeiten oder Engpässe verborgen liegen.

DIE VIER EBENEN FINANZIELLER SELBSTSTÄNDIGKEIT

Stabilität entsteht, wenn alle vier Ebenen bewusst gestaltet sind.

Abb. 11-2 – Die vier Ebenen finanzieller Selbstständigkeit
Die Grafik stellt ein strukturelles Ordnungsmodell dar, das Vermögen nicht nach Produkten, sondern nach Funktionen betrachtet. Sie unterscheidet die Ebenen Eigentum, Zugriff, Liquidität und Wirkung und verdeutlicht, wie diese Dimensionen zusammen die Handlungsfähigkeit einer Person oder Familie prägen. Die Darstellung dient als Denkrahmen, um Vermögensstrukturen ganzheitlich zu analysieren und strategisch auszurichten.

Hinweis: Die Abbildung veranschaulicht ein konzeptionelles Modell und stellt kein Anlageangebot dar.

Das Fundament dieser Architektur liegt im Recht und in der steuerlichen Einbettung. Diese definieren, wie Eigentum ausgestaltet ist, wie Zugriff organisiert wird und wie effizient Kapitalströme geführt werden können. Internationale Strukturen schaffen nicht automatisch Vorteile, eröffnen jedoch Gestaltungsräume, in denen

Eigentum, Verwaltung und Reinvestition klar und planbar organisiert werden. Rechtliche Klarheit ist damit die Voraussetzung für funktionierende Vermögensführung.

Entscheidend ist letztlich die Logik, nach der Kapital eingesetzt wird. Werden operative Erträge gezielt reinvestiert und in tragfähige Substanz überführt, entsteht ein strukturierter Kreislauf. Kapital bleibt in Bewegung, ohne seine Stabilität zu verlieren. Wer diese Zusammenhänge versteht, gestaltet aktiv, statt lediglich auf Entwicklungen zu reagieren.

Vom Wissen ins Handeln

Es kommt der Punkt, an dem Wissen nach Entscheidung verlangt. Wer verstanden hat, wie eng wirtschaftliche und politische Strukturen miteinander verflochten sind, erkennt: Stabilität entsteht dort, wo Kapital Substanz hat. Dieses Buch will dazu anregen, die eigene Vermögensstruktur aus einer neuen Perspektive zu betrachten, mit Klarheit, Weitsicht und einem Gefühl für das, was dauerhaft trägt.

Viele Anleger verfügen über solides Wissen und Erfahrung, doch die Vielzahl an Informationen, Meinungen und Produkten erschwert die Orientierung. Zwischen Analyse und Handlung entsteht ein Vakuum, das Vertrauen kostet. Unser Ziel ist es, Klarheit zu schaffen und konkrete Wege aufzuzeigen, wie Kapital wieder an realen Werten ausgerichtet werden kann – nachvollziehbar, transparent und auf solidem wirtschaftlichem Fundament.

Sachwerte bilden den Kern dieses Ansatzes. Wer einen Teil seines Vermögens in reale Werte überführt, stärkt die Widerstandskraft seines Vermögens gegenüber Buchgeld, Marktvolatilität und politischen Einflüssen. Damit wird Ihr Kapital greifbar, unabhängig und produktiv. Agrarische Beteiligungen, Rohstoffe oder physische Metalle sind Beispiele dafür, wie Vermögen gleichzeitig wirken und schützen kann. Wichtig ist, die passenden Bausteine zu wählen, die zur persönlichen Zielsetzung passen, ob Stabilität, laufender Ertrag oder Inflationsausgleich.

Die in diesem Buch vorgestellten Projekte verstehen sich als Anregungen, wie diese Prinzipien praktisch umgesetzt werden können. Jede Anlageentscheidung bleibt individuell. Wichtig ist die Qualität der Prüfung. Deshalb haben wir eine Checkliste mit relevanten Kriterien für die Auswahl entwickelt – von Eigentumsnachweisen über Bewirtschaftungskonzepte bis zur finanziellen

Plausibilität. Diese Checkliste finden Sie im Kapitel »So erkennen Sie seriöse Sachwertoptionen«. Sie dient als Grundlage für jede fundierte Entscheidungsprüfung und hilft, Angebote strukturiert zu bewerten.

Unsere tägliche Arbeit bei Golden Harvest besteht darin, genau diese Qualität sicherzustellen. Wir prüfen Investitionsmöglichkeiten, die reale Werte schaffen und nachvollziehbare Ertragsmechanismen aufweisen. Viele Angebote erfüllen diese Voraussetzungen nicht, weil Unterlagen unvollständig sind oder wichtige Nachweise fehlen. Nur wenn ein Konzept ökonomisch tragfähig ist und den Nachweis der Werthaltigkeit erbringt, nehmen wir es in unsere Auswahl auf. Ziel ist, Anlegern Zugang zu geprüften Optionen zu ermöglichen, die Ertrag, Nachhaltigkeit und Substanz verbinden.

Viele unserer Kunden stehen genau an diesem Punkt: Sie haben erfolgreich Vermögen aufgebaut, etwa durch den Verkauf einer Immobilie. Plötzlich liegt eine größere Summe auf dem Konto – 500.000 oder 800.000 Euro – und mit ihr die Frage, wie daraus wieder etwas entsteht, das trägt. Was schafft dauerhaften Ertrag? Welche Werte bleiben beständig, auch wenn Märkte sich verändern? Und worauf kann man sich wirklich verlassen? Genau an dieser Stelle setzen wir an: Wir zeigen Strukturen, stellen geprüfte Möglichkeiten vor und geben Orientierung, wie Kapital nachvollziehbar wirken kann – ohne Anlageberatung oder Vermittlung.

Aus dieser Haltung heraus leitet sich unser Anspruch bei Golden Harvest ab, Menschen zu befähigen, selbstbestimmte und fundierte Entscheidungen zu treffen, mit Klarheit, Finanzsouveränität und professionellem Anspruch.

Wenn Sie sich an uns wenden, profitieren Sie von dieser Vorarbeit. Wir können aufzeigen, welche Möglichkeiten aktuell geeignet sind, um Vermögen gezielt zu strukturieren – ob zur Absicherung, zum Aufbau passiver Einkünfte oder als Schutz vor Kaufkraftverlust. Jede Empfehlung entsteht aus Analyse und Vergleich. Im Mittelpunkt steht stets die Frage, welche Struktur Ihre Ziele am besten unterstützt.

Jede bewusste Entscheidung beginnt mit Klarheit über die eigenen Ziele. Wer versteht, wie Kapital wirkt und welche Strukturen Stabilität schaffen, kann Schritt für Schritt, mit Ruhe und Übersicht gezielt gestalten. So entsteht Handlungsspielraum, der unabhängig macht.

Aus vielen Gesprächen ist ein Leitfaden entstanden, der Anlegern hilft, aus Wissen Handlung zu machen. Er basiert auf den häufigsten Fragen, die uns in der Praxis begegnen, und gibt eine klare Struktur, um die eigene Finanzaufstellung zu überprüfen. Der Leitfaden »Vom Wissen ins Handeln« zeigt, wie Sie Ihre Ziele präzisieren, Prioritäten setzen und die passenden Instrumente auswählen. Sie können ihn über den QR-Code oder direkt auf unserer Website abrufen.

VOM WISSEN INS HANDELN
Leitfaden-Download:
meine-vermoegensstruktur.de

Für vertiefende Gespräche stehen wir gern zur Verfügung. Im Mittelpunkt stehen dabei die Fragen, wie Ihr Kapital künftig wirken soll und welche Struktur dazu beiträgt, Ihre Ziele sicher und effizient zu erreichen.

Finanzielle Souveränität entsteht durch bewusste Entscheidungen. Wer die Mechanismen versteht, kann sie für sich nutzen und bleibt auch in einem veränderten Umfeld handlungsfähig. Dieses Buch ist der Ausgangspunkt. Der nächste Schritt liegt bei Ihnen.

STRATEGISCHES VERMÖGENSGESPRÄCH
Nähere Infos unter
golden-harvest.eu/vermoegen-analysieren/

Transparenz- und Haftungshinweis der Autoren

Dieses Buch dient ausschließlich der allgemeinen Information und persönlichen Weiterbildung in den Bereichen Vermögensstruktur, Sachwerte und alternative Anlagekonzepte. Es ersetzt keine individuelle Anlage-, Rechts- oder Steuerberatung. Alle Beispiele, Einschätzungen und Darstellungen wurden nach bestem Wissen und Gewissen zum Zeitpunkt der Manuskripterstellung zusammengestellt. Gesetzliche Regelungen, steuerliche Vorschriften und Marktbedingungen können sich jedoch jederzeit ändern.

Die Autoren übernehmen keine Haftung für finanzielle Entscheidungen, die auf Grundlage der in diesem Buch dargestellten Inhalte getroffen werden. Jede Leserin und jeder Leser ist aufgefordert, sich bei rechtlichen, steuerlichen oder finanziellen Fragen an entsprechend qualifizierte Fachleute zu wenden.

Die Autoren, Beatrice Haan und Peter Beeck, sind unternehmerisch in der Golden Harvest Ltd. mit Sitz in Paphos (Zypern) tätig. Das Unternehmen befasst sich mit alternativen Sachwertlösungen in Zusammenarbeit mit geprüften Partnern in Liechtenstein, der Schweiz, Tschechien, Kroatien und den Vereinigten Staaten. Die im Buch beschriebenen Modelle sind rechtlich als Sachwertanlagen konzipiert und wurden juristisch geprüft. Sie stellen keine Finanzinstrumente im Sinne der MiFID II, des österreichischen WAG 2018 oder des deutschen Wertpapierhandelsgesetzes dar und gelten auch nach schweizerischem Finanzmarktrecht (insbesondere FIDLEG/FINIG) nicht als regulierte Finanzinstrumente.

Für Leserinnen und Leser, die sich näher mit den im Buch behandelten Themen beschäftigen möchten, erfolgt eine etwaige

Kontaktaufnahme zu Projekten oder Partnerunternehmen ausschließlich freiwillig und außerhalb dieses Buches.

Paphos, im Oktober 2025

Glossar

AMLA (Anti-Money Laundering Authority)

Neue EU-Behörde mit Sitz in Frankfurt am Main. Sie überwacht die Einhaltung von Geldwäsche- und Terrorismuspräventionsvorschriften und schließt auch Krypto-Assets in die Aufsicht ein.

BaFin (Bundesanstalt für Finanzdienstleistungsaufsicht)

Deutsche Aufsichtsbehörde für Banken, Versicherungen und Finanzmärkte. Sie sorgt für die Stabilität des Finanzsystems und den Schutz der Verbraucher.

Bail-in

Verfahren, bei dem Gläubiger und Einleger einer Bank im Krisenfall an Verlusten beteiligt werden, bevor staatliche Rettungsmittel eingesetzt werden.

Bank Recovery and Resolution Directive (BRRD)

EU-Richtlinie zur Sanierung und Abwicklung von Banken. Sie legt fest, dass Einleger über 100.000 Euro im Ernstfall als Gläubiger haften können.

Bilanzverlängerung

Ein Fachbegriff aus der Bankbilanzierung: Er beschreibt den Prozess, bei dem sowohl die Aktiv- als auch die Passivseite der Bilanz anwachsen – etwa, wenn neue Kredite vergeben und gleichzeitig neue Einlagen hereingenommen werden.

Bodenwertentwicklung

Wertsteigerung von Agrar- oder Forstflächen durch Standortqualität, Nachfrage, Infrastruktur und politische Rahmenbedingungen. Sie ist unabhängig von Ernteerträgen und bildet einen eigenständigen Vermögenshebel.

Bretton-Woods-System

Internationales Währungssystem, das 1944 vereinbart wurde. Der US-Dollar war fest an Gold gebunden, andere Währungen wiederum an den US-Dollar. Das System fester Wechselkurse endete 1971 mit der Aussetzung der Goldkonvertibilität durch die USA.

BRRD/SRM-Regime

Gesamtheit der europäischen Vorschriften zur Bankenabwicklung: Die BRRD bildet den rechtlichen Rahmen, der Single Resolution Mechanism (SRM) koordiniert die Umsetzung auf EU-Ebene.

Bufferstock

Bewusst eingeplante Sicherheitsreserve innerhalb eines realwirtschaftlichen Projekts. Dazu zählen beispielsweise zusätzliche Produktionskapazitäten, Flächen, Bäume oder operative Rücklagen, die nicht verkauft oder verplant werden, sondern ausschließlich der Risikosteuerung dienen. Ein Bufferstock soll unerwartete Ausfälle, Ertragsschwankungen oder operative Störungen abfedern und die Stabilität eines Projekts erhöhen. Solche Puffer sind in vielen Bereichen der Realwirtschaft üblich und bewegen sich häufig im einstelligen bis niedrigen zweistelligen Prozentbereich, abhängig von Modell und Risikoprofil.

CBDC (Central Bank Digital Currency)

Digitale Zentralbankwährung, die von staatlichen Notenbanken ausgegeben wird und Bargeld ergänzen oder ersetzen kann.

CLO (Collateralized Loan Obligation)

Verbriefung von Unternehmenskrediten, die in Tranchen mit unterschiedlichen Risiken gebündelt und an Investoren verkauft werden.

CO_2-Zertifikate

Handelbare Rechte, die die Einsparung oder Bindung einer Tonne Kohlendioxid repräsentieren. Sie entstehen durch anerkannte Klimaschutzprojekte und können – abhängig von Standards und Regulierung – verkauft werden. Bei schnell wachsenden Baumarten wie Paulownia besteht potenziell die Möglichkeit, entsprechende Zertifikate zu generieren.

C4-Pflanze

Pflanze mit besonders effizientem Photosyntheseprozess, der hohe Erträge bei geringem Wasserbedarf ermöglicht. Miscanthus × giganteus ist eine typische C4-Pflanze.

Due Diligence

Sorgfältige und systematische Prüfung eines Investments, Unternehmens oder Projekts vor einer finanziellen Entscheidung. Ziel ist es, Chancen, Risiken, rechtliche Rahmenbedingungen, wirtschaftliche Kennzahlen und mögliche Schwachstellen transparent zu machen. Zur Due Diligence gehören typischerweise die Analyse von Verträgen, Bilanzen, Geschäftsmodellen, Marktumfeld, Managementqualität sowie rechtlichen und steuerlichen Strukturen. Sie dient dazu, Informationsasymmetrien zu verringern und fundierte, nachvollziehbare Entscheidungen zu ermöglichen.

Einlagensicherung

Gesetzlicher Schutz von Bankeinlagen bis zu 100.000 Euro pro Kunde und Institut innerhalb der Europäischen Union.

Emittent

Herausgeber eines Finanzinstruments wie einer Anleihe, Aktie oder eines Fonds. Der Emittent ist die Institution – zum Beispiel ein Staat, ein Unternehmen oder eine Bank –, die Kapital aufnimmt und im Gegenzug Zinsen, Rückzahlungen oder Beteiligungsrechte verspricht. Die Bonität des Emittenten entscheidet maßgeblich über das Ausfallrisiko einer Anlage.

Erntezyklus

Zeitspanne zwischen Pflanzung und Ernte eines mehrjährigen Rohstoffs. Bei Paulownia folgt auf die erste Ernte ein zweiter Zyklus, da der Baum aus dem bestehenden Wurzelstock erneut austreibt.

Dadurch entstehen über viele Jahre wiederkehrende Erträge ohne Neupflanzung.

ETF (Exchange Traded Fund)

Börsengehandelter Fonds, der in der Regel einen Index passiv abbildet. ETFs werden wie Aktien an der Börse gehandelt und gelten als kostengünstige Möglichkeit zur breiten Marktinvestition.

EZB (Europäische Zentralbank)

Zentralbank der Eurozone. Ihre Zins- und Liquiditätspolitik prägt maßgeblich die Ertrags- und Inflationsentwicklung der Finanzmärkte.

Federal Reserve (Fed)

Zentralbank der Vereinigten Staaten. Sie steuert die Geldpolitik durch Festlegung der Leitzinsen und durch Maßnahmen wie Offenmarktgeschäfte und Anleihekaufprogramme.

Festmeter (m^3)

Maßeinheit für Holzvolumen. Ein Festmeter entspricht einem Kubikmeter reinen Holzmaterials ohne Zwischenräume. Er dient als Standardmaß im Holzhandel, um Erträge, Preise und Transportmengen vergleichbar zu machen.

Fristentransformation

Bezeichnet das Geschäftsmodell von Banken, kurzfristige Einlagen (z. B. Tagesgeld) in langfristige Kredite (z. B. Baufinanzierungen) umzuwandeln. Dadurch entsteht ein Zinsüberschuss – aber auch ein Risiko, wenn viele Kunden gleichzeitig ihr Geld abziehen.

Genossenschaft

Unternehmensform, bei der Mitglieder gemeinschaftlich Kapital einbringen und am wirtschaftlichen Erfolg partizipieren. Wird im Buch als Modell nachhaltiger Agrarbeteiligung beschrieben.

GIA (Gemological Institute of America)

Weltweit führendes Labor für die Bewertung und Zertifizierung von Diamanten.

Hauseigene Produkte

Finanzprodukte, die von einer Bank oder ihrem Konzern selbst emittiert oder vertrieben werden. Sie dienen meist der Kundenbindung und Ertragssteigerung innerhalb der eigenen Organisation.

IAS 41

Internationaler Rechnungslegungsstandard für die Bilanzierung biologischer Vermögenswerte wie Pflanzen oder Tierbestände.

Kapitalverkehrskontrollen

Staatliche Beschränkungen für den Transfer von Geld oder Vermögenswerten ins Ausland, eingesetzt zur Stabilisierung nationaler Finanzsysteme.

Leveraged Loans

Unternehmenskredite an Firmen mit bereits hoher Verschuldung oder schwächerer Bonität. Sie sind meist variabel verzinst und weisen ein erhöhtes Ausfallrisiko auf. Leveraged Loans werden häufig gebündelt und in Form strukturierter Produkte wie CLOs weiterverkauft.

London Bullion Market Association (LBMA) Good Delivery Rules

Internationaler Qualitätsstandard für große Gold- und Silberbarren im professionellen Handel. Die Regeln definieren Anforderungen an Gewicht, Maße, Reinheit, Kennzeichnung und zugelassene Raffinerien. Nur akkreditierte Hersteller dürfen solche Barren liefern, regelmäßige Prüfungen sichern die Einhaltung. Good-Delivery-Barren gelten weltweit als besonders gut handelbar und anerkannt.

Margengeschäft

Die Differenz zwischen den Zinsen, die eine Bank für Einlagen zahlt, und den Zinsen, die sie für Kredite verlangt. Diese »Zinsmarge« ist eine der Haupteinnahmequellen klassischer Banken.

Miscanthus × giganteus

Mehrjährige Energiepflanze mit hohem Biomasseertrag. Dient als nachhaltiger Rohstoff für Energie- und Industrieanwendungen.

NINJA Loan (No Income, No Job, No Assets)

Kredit ohne Nachweis von Einkommen, Beschäftigung oder Sicherheiten – typisch für die laxen US-Vergabestandards vor der Finanzkrise 2008.

NRI (Net Revenue Interest)

Erlösanteil des Rechteinhabers in Öl- und Gasprojekten nach Abzug von Förder- und Betriebskosten.

Perpetuum mobile des Vermögens

Im Buch verwendetes Bild für einen geschlossenen Vermögenskreislauf, bei dem Erträge fortlaufend in neue Sachwerte reinvestiert werden.

QE – Quantitative Easing

Anleihekaufprogramme der Zentralbanken zur Senkung von Zinsen und Ausweitung der Geldmenge; ein Instrument der Geldpolitik seit der Finanzkrise 2008.

Rohstoffdepot

Konzept zur Lagerung und Verwaltung physischer Metalle oder anderer Sachwerte außerhalb des klassischen Bankensystems.

SRM (Single Resolution Mechanism)

Europäischer Abwicklungsmechanismus für Banken. Ergänzt die BRRD und regelt, wie Institute in Schieflage restrukturiert oder abgewickelt werden.

Technologiemetalle

Strategisch wichtige Industriemetalle wie Indium, Gallium oder Germanium, die für Elektronik-, Batterie- und Energietechnologien benötigt werden.

Underwriting Standards

Prüfkriterien, nach denen Kreditgeber die Kreditwürdigkeit eines Antragstellers bewerten. Sie legen fest, wie sorgfältig Einkommen, Beschäftigungssituation, bestehende Schulden, Eigenkapital und Sicherheiten geprüft werden, bevor ein Darlehen vergeben wird. Strenge Underwriting Standards bedeuten eine gründliche Bonitätsprüfung; gelockerte Standards ermöglichen Kreditvergaben mit höherem Ausfallrisiko.

Vermögensarchitektur

Strategische Strukturierung verschiedener Anlageklassen mit dem Ziel, Stabilität, Ertrag und Flexibilität in Einklang zu bringen.

WTI (West Texas Intermediate)

Referenzölpreis für den US-amerikanischen Markt, der häufig als Benchmark für Förderprojekte dient.

Zentralbankgeld

Von einer Zentralbank ausgegebenes gesetzliches Zahlungsmittel in physischer oder digitaler Form.

Zinswende

Übergang von einer Niedrig- oder Negativzinsphase zu einem Umfeld steigender Zinsen oder umgekehrt; beeinflusst Anleihe-, Immobilien- und Aktienmärkte wesentlich.

Über die Autoren

Peter Beeck verfügt über mehr als drei Jahrzehnte Erfahrung im Finanz- und Versicherungssektor. Seine berufliche Laufbahn reicht von leitender Verantwortung im regionalen Bankenvertrieb bis zum Aufbau eines überregional etablierten Edelmetallvertriebs. Er verbindet praxisnahe Marktkenntnis mit einem strukturellen Verständnis von Vermögensschutz und Eigentumsfragen.

Beatrice Haan studierte zunächst Rechtswissenschaften und schloss anschließend ein Studium der Betriebswirtschaftslehre ab. Seit über 20 Jahren ist sie in Markenführung, Qualitätsmanagement und strategischer Kommunikation tätig. Ihr Schwerpunkt liegt darauf, komplexe finanzielle und wirtschaftliche Zusammenhänge klar, strukturiert und nachvollziehbar aufzubereiten.

Gemeinsam zeigen die beiden in diesem Ratgeber, wie man heute klug und unabhängig in reale Werte investiert, fundiert, verständlich und praxisnah. Ein Buch für alle, die ihr Vermögen sinnvoll einsetzen und gleichzeitig einen positiven Beitrag für Mensch und Natur leisten möchten.

Abbildungsverzeichnis

Endnotenverzeichnis

1 Shaw, Edward S. (1973): Financial Deepening in Economic Development. Oxford University Press, New York.

McKinnon, Ronald I. (1973): Money and Capital in Economic Development. Brookings Institution, Washington D.C.

2 Europäische Zentralbank (2014): Key ECB Interest Rates. Frankfurt a. M. URL: https://www.ecb.europa.eu/stats/policy_and_exchange_rates/key_ecb_interest_rates/html/index.en.html (Abruf: 02.10.2025).

3 Statistisches Bundesamt (Destatis) (2022): Inflationsrate in Deutschland 2022 erreicht 10,4 Prozent. Pressemitteilung Nr. 472 vom 11.11.2022. Wiesbaden. URL: https://www.destatis.de/DE/Presse/Pressemitteilungen/2022/11/PD22_472_611.html (Abruf: 02.10.2025)

4 Al Jazeera (2015): Greece closes banks temporarily as crisis deepens. Doha. URL: https://www.aljazeera.com/economy/2015/6/29/greece-closes-banks-temporarily-as-crisis-deepens (Abruf: 02.10.2025)

5 European Union (2014): Bank Recovery and Resolution Directive (BRRD), Directive 2014/59/EU: Art. 43–58, Art. 44(5), Art. 48, Art. 63. Brüssel. URL: https://eur-lex.europa.eu/legal-content/EN/TXT/?uri=CELEXProzent3A32014L0059 (Abruf: 02.10.2025).

European Union (2014): Single Resolution Mechanism Regulation (SRM), Regulation (EU) No 806/2014: Art. 7, Art. 9, Art. 12, Art. 18–27. Brüssel. URL: https://eur-lex.europa.eu/legal-content/EN/TXT/?uri=CELEXProzent3A32014R0806 (Abruf: 02.10.2025).

6 Europäische Union (2024): Feasibility study for a European asset registry in the context of the fight against money laundering and tax evasion. Publications Office of the European Union. URL: https://op.europa.eu/de/publication-detail/-/publication/0d82b09f-3ff9-11ef-865a-01aa75ed71a1 (Abruf: 02.10.2025)

7 Europäische Union (2024): Directive (EU) 2024/1260 on the Confiscation and Recovery of Assets. Brüssel. URL: https://eur-lex.europa.eu/legal-content/EN/TXT/?uri=CELEX:32024L1260 (Abruf: 02.10.2025)

8 Europäische Kommission (2021): Proposal for a Regulation establishing the Anti-Money Laundering Authority (AMLA). Brüssel (Abruf: 02.10.2025)

9 Europäische Union (2014): Directive 2014/49/EU on Deposit Guarantee Schemes (DGS). Brüssel. URL: https://eur-lex.europa.eu/legal-content/EN/TXT/HTML/?uri=CELEX:32014L0049 (Abruf: 02.10.2025)

10 Europäische Union (2014): Directive 2014/65/EU on Markets in Financial Instruments (MiFID II), Art. 48 Abs. 5. Brüssel. URL: https://eur-lex.europa.eu/legal-content/EN/TXT/?uri=CELEX:32014L0065 (Abruf: 02.10.2025)

11 Europäische Kommission (2013): Proposal for a Council Directive implementing enhanced cooperation in the area of financial transaction tax. COM(2013) 71 final. Brüssel. URL: https://eur-lex.europa.eu/legal-content/EN/TXT/?uri=CELEX:52013PC0071 (Abruf: 02.10.2025)

12 BBC News (2013): Cyprus banks to stay shut until Thursday. London. URL: https://www.bbc.com/news/business-21933473 (Abruf: 02.10.2025)

13 Europäische Kommission (2013): Statement by the European Commission on the capital controls in Cyprus (IP/13/298), 27.03.2013. Brüssel. URL: https://ec.europa.eu/commission/presscorner/detail/en/ip_13_298 (Abruf: 02.10.2025)

14 Bank of Cyprus (2013): Recapitalisation through Bail-in and Resolution Exit – Announcement (30.07.2013). Nikosia. URL: https://www.bankofcyprus.com/en-gb/group/news-archive/Recapitalisation-through-Bail-in-and-Resolution-Exit-Bank-of-Cyprus-Announcement/ (Abruf: 02.10.2025)

15 Eurogruppe (2013): Eurogroup Statement on Cyprus (25.03.2013). Brüssel. URL: https://www.consilium.europa.eu/uedocs/cms_Data/docs/pressdata/en/ecofin/136487.pdf (Abruf: 02.10.2025)

16 Schmelzing, Paul (2020): Eight Centuries of Global Real Interest Rates, R–G, and the »Suprasecular« Decline, 1311–2018. Bank of England, Staff Working Paper No. 845. London. URL: https://www.bankofengland.co.uk/working-paper/2020/eight-centuries-of-global-real-interest-rates-r-g-and-the-suprasecular-decline-1311-to-2018 (Abruf: 02.10.2025)

17 Deutsche Bundesbank (2021): Langfristige Zeitreihen zu Zinssätzen und Renditen seit 1870. Frankfurt a. M. URL: https://www.bundesbank.de/dynamic/action/de/statistiken/zeitreihen-datenbanken/zeitreihen-datenbank/723444/723444?treeAnchor=GELD&statisticType=BBK_ITS&openNodeId=GELDZINS (Abruf: 02.10.2025)

18 Board of Governors of the Federal Reserve System (2021): The Federal Reserve's Response to the Financial Crisis and Actions to Foster Maximum Employment and Price Stability. Washington D. C. URL: https://www.federalreserve.gov/monetarypolicy/bst_crisisresponse.htm (Abruf: 02.10.2025)

19 International Monetary Fund (2023): Japan: 2023 Article IV Consultation – Staff Report / Press Release. Washington, D.C. URL: https://www.imf.org/en/publications/cr/issues/2023/03/30/japan-2023-article-iv-consultation-press-release-staff-report-and-statement-by-the-531587 (Abruf: 02.10.2025)

20 International Monetary Fund (2024): People's Republic of China: 2023 Article IV Consultation – Staff Report / Press Release. Washington, D.C. URL:

https://www.imf.org/en/publications/cr/issues/2024/02/01/people-s-republic-of-china-2023-article-iv-consultation-press-release-staff-report-and-544379 (Abruf: 02.10.2025)

21 Wolff, Ernst (2021): Der große Reset – Verschwörung oder Chance? J.K. Fischer Verlag, München.

22 Deutsche Bundesbank (2023): Geldvermögen der privaten Haushalte – Monatsbericht Oktober 2023, Statistischer Teil (Finanzierungsrechnung). Frankfurt a. M. URL: https://www.bundesbank.de/resource/blob/912962/7c672acd05d30d9374251de40d95e979/mL/2023-10-monatsbericht-data.pdf (Abruf: 02.10.2025)

23 Bundesverband deutscher Banken (2023): Einlagensicherungsfonds der privaten Banken – Jahresbericht 2022. Berlin (Abruf: 02.10.2025)

Deutsche Bundesbank (2022): Monatsbericht Dezember 2022 – Geldvermögen der privaten Haushalte. Frankfurt a. M. (Abruf: 02.10.2025)

24 European Union (2014): Bank Recovery and Resolution Directive (BRRD), Directive 2014/59/EU.

Relevante Artikel: Art. 43–58 (Bail-in), Art. 44(2)–(5) (Ausnahmen und Reihenfolge der Haftung), Art. 108 (Rangfolge der Einlagen). Luxemburg. URL: https://eur-lex.europa.eu/legal-content/EN/TXT/?uri=CELEX:32014L0059 (Abruf: 02.10.2025)

Bundesrepublik Deutschland (2015): Sanierungs- und Abwicklungsgesetz (SAG), insbesondere §§ 89–102 (Bail-in-Instrument) sowie § 101 (Rangfolge bei Einlagen). Bonn. URL: https://www.gesetze-im-internet.de/sag/ (Abruf: 02.10.2025)

25 MSCI Inc. (2024): MSCI World Index Fact Sheet – Constituents and Weightings. New York. URL: https://www.msci.com/documents/10199/178e6643-6ae6-47b9-82be-e1fc565ededb (Abruf: 02.10.2025)

26 BlackRock (2025): iShares Developed World Index Fund (IE) – Factsheet. BlackRock. Zürich. URL: https://www.blackrock.com/ch/individual/en/literature/fact-sheet/ishares-developed-world-index-fund-ie-inst-eur-factsheet-ie00b62wcl09-ch-en-individual.pdf (Abruf: 02.10.2025)

Scherer, B. (2020): Diversification: does it really fail, when you need it most? Journal of Asset Management 21(7): 609–622. URL: https://pmc.ncbi.nlm.nih.gov/articles/PMC7595051/ (Abruf: 02.10.2025)

27 Bank for International Settlements (2018): The implications of passive investing for securities markets. BIS Quarterly Review, March. Basel. URL: https://www.bis.org/publ/qtrpdf/r_qt1803j.htm (Abruf: 02.10.2025)

European Central Bank (2024): Financial Stability Review – Focus box: Passive investing and its impact on return co-movement and concentration.

Frankfurt am Main. URL: https://www.ecb.europa.eu/press/financial-stability-publications/fsr/focus/2024/html/ecb.fsrbox202411_03~87408e7fb3.en.html (Abruf: 02.10.2025)

Bank for International Settlements (2021): Passive funds affect prices: Evidence from the most ETF-dominated asset classes. BIS Working Papers No. 952. Basel. URL: https://www.bis.org/publ/work952.pdf (Abruf: 02.10.2025)

28 European Central Bank (2020): ECB Economic Bulletin, Issue 5/2020 – Box: »The impact of the ECB's monetary policy measures taken in response to the COVID-19 crisis« (Box ab S. 38). Frankfurt am Main. URL: https://www.ecb.europa.eu/pub/pdf/ecbu/eb202005.en.pdf (Abruf: 02.10.2025).

29 Federal Reserve Board (2023): Monetary Policy Report. Washington, D.C. URL: https://www.federalreserve.gov/monetarypolicy/files/20230303_mprfullreport.pdf (Abruf: 02.10.2025).

30 Statistisches Bundesamt (Destatis) (2024): Preise für Wohnimmobilien im 4. Quartal 2023: –7,1 Prozent zum Vorjahresquartal (vorläufig). Im Jahresdurchschnitt 2023: –8,4 Prozent. Wiesbaden. URL: https://www.destatis.de/DE/Presse/Pressemitteilungen/2024/03/PD24_114_61262.html (Abruf: 02.10.2025).

Gutachterausschuss München (2024): Der Immobilienmarkt in München – Jahresbericht 2023. München. (Zitiert nach Zusammenfassung:) SIS (2024): Neuer Jahresbericht des Gutachterausschusses der Landeshauptstadt München. URL: https://www.sis.de/neuer-jahresbericht-des-gutachterausschusses-der-landeshauptstadt-muenchen/ (Abruf: 02.10.2025)

31 KSK-Immobilien (2024): Kosten für energetische Sanierungen: Immobilienbesitzer:innen investieren durchschnittlich 37.000 Euro. Köln. URL: https://www.ksk-immobilien.de/aktuelles/news/kosten-fur-energetische-sanierungen/ (Abruf: 02.10.2025)

Vester Immobilien (2025): Explodierende Heizkosten ab 2027? Das sollten Sie über den ETS2 wissen. Köln. URL: https://www.vester-immobilien.de/ets2-heizkosten/ (Abruf: 02.10.2025)

32 Bundesministerium der Justiz (2025): Bürgerliches Gesetzbuch (BGB), §§ 556d–556g und § 558 Abs. 3 – Regelungen zur Mietpreisbremse und Kappungsgrenze. Berlin. URL: https://www.gesetze-im-internet.de/bgb/__556d.html und URL: https://www.gesetze-im-internet.de/bgb/__558.html (Abruf: 02.10.2025)

33 Gesamtverband der Deutschen Versicherungswirtschaft (GDV) (2025): Die deutsche Lebensversicherung in Zahlen 2025. Berlin. URL: https://www.gdv.de/resource/blob/188374/dde4d81192e583ac43e7e80a84aa6ac6/die-deutsche-lebensversicherung-in-zahlen-2025-publikation-pdf-data.pdf (Abruf: 02.10.2025)

34 VFR Verlag für Rechtsjournalismus GmbH (2025): Höchstrechnungszins in der Lebensversicherung: Was besagt dieser? Berlin. URL: https://www.anwalt.org/hoechstrechnungszins-lebensversicherung/ (Abruf: 02.10.2025)

35 Oberlandesgericht Stuttgart, Urteil vom 18. Dezember 2014, Az. 2 U 30/14; Bundesgerichtshof, Urteil vom 7. Mai 2014, Az. IV ZR 76/11.

36 Envestor GmbH (2024): Comeback Anleihen – aber der Teufel steckt in der Duration. Frankfurt a. M. URL: https://envestor.de/comeback-anleihen-aber-der-teufel-steckt-in-der-duration/ (Abruf: 02.10.2025)

Fairvalue Magazin (2022): Anleihen-ETF: Was nach dem Jahrhundert-Crash kommt. Würzburg. URL: https://fairvalue-magazin.de/anleihen-etf-jahrhundert-crash/ (Abruf: 02.10.2025)

37 Moody's Investors Service (2024): Default Trends – Global: December 2023 Default Report. New York. URL: https://dkf1ato8y5dsg.cloudfront.net/uploads/52/504/december-2023-default-report.pdf (Abruf: 02.10.2025)

38 Investopedia (2019): The Collapse of Lehman Brothers. New York. URL: https://www.investopedia.com/articles/economics/09/lehman-brothers-collapse.asp (Abruf: 02.10.2025)

39 MSCI Inc. (2022): MSCI World Index (USD) – Index Factsheet. New York. URL: https://www.msci.com/documents/10199/149ed7bc-316e-4b4c-8ea4-43fcb5bd6523 (Abruf: 02.10.2025)

40 Bank of England (2013): Financial Stability Report, November 2013. London. URL: https://www.bankofengland.co.uk/-/media/boe/files/financial-stability-report/2013/november-2013.pdf (Abruf: 02.10.2025)

41 Financial Crisis Inquiry Commission (2011): The Financial Crisis Inquiry Report. Washington, D.C., S. 166. URL: https://www.govinfo.gov/content/pkg/GPO-FCIC/pdf/GPO-FCIC.pdf (Abruf: 02.10.2025)

42 Bank for International Settlements (2022): Are CLO investors underestimating tail risk in European markets? In: BIS Quarterly Review, September 2022, Box B. Basel. URL: https://www.bis.org/publ/qtrpdf/r_qt2209.pdf (Abruf: 02.10.2025)

43 European Systemic Risk Board (2024): EU Non-bank Financial Intermediation Risk Monitor 2024. Frankfurt am Main. URL: https://www.esrb.europa.eu/pub/nbfi/html/esrb.nbfi202509.en.html (Abruf: 02.10.2025)

44 Uniper SE (Unternehmensprofil): About Uniper – Company Profile. Düsseldorf. URL: https://www.uniper.energy/company (Abruf: 02.10.2025)

45 International Energy Agency (IEA) (2022): Gas Market and Russian Supply. Paris. URL: https://www.iea.org/reports/russian-supplies-to-global-energy-markets/gas-market-and-russian-supply-2 (Abruf: 02.10.2025)

46 Uniper SE (2022): Reduced Russian gas deliveries have a significant adverse impact on Uniper's results in 2022 (Press Release, 9M 2022). Düsseldorf. URL: https://www.uniper.energy/sites/default/files/2022-11/2022-11-03_9M_2022_Uniper_Press_Release.pdf (Abruf: 02.10.2025)

47 Bundesministerium für Wirtschaft und Klimaschutz (BMWK) (2022): Bund übernimmt 99 Prozent der Anteile an Uniper – Anpassung des Stabilisierungspakets. Berlin URL: https://www.bmwk.de/Redaktion/DE/Pressemitteilungen/2022/09/20220921-bundesregierung-verstandigt-sich-auf-anpassung-des-stabilisierungspakets-fur-uniper.html (Abruf: 02.10.2025)

48 Focus Online (2022): Uniper wird Staatskonzern – was Aktionäre und Gaskunden jetzt wissen müssen. München. URL: https://www.focus.de/finanzen/folgen-der-verstaatlichung-uniper-wird-staatskonzern-was-aktionaere-und-gas-kunden-jetzt-wissen-muessen_id_150851053.html (Abruf: 02.10.2025)

49 Institute for Energy Economics and Financial Analysis (IEEFA) (2023): Fortum-Uniper: Finnish taxpayers' staggering losses were predictable and avoidable, 13. November 2023. URL: https://ieefa.org/resources/fortum-uniper-finnish-taxpayers-staggering-losses-were-predictable-and-avoidable (Abruf: 02.10.2025)

50 World Bank (2004): Argentina's Banking System: Restoring Financial Viability. Working Paper No. 2/04, World Bank Office for Argentina, Chile, Paraguay and Uruguay. Washington, D.C. URL: https://documents1.worldbank.org/curated/en/109561468768712856/pdf/28081.pdf (Abruf: 02.10.2025)

51 Voice of America (2002): Argentina Abandons Dual Exchange Rate – 2002-02-04. Washington, D.C. URL: https://www.voanews.com/a/a-13-a-2002-02-04-23-argentina-67259357/379356.html (Abruf: 02.10.2025)

52 Kahneman, Daniel (2011): Schnelles Denken, langsames Denken. Siedler Verlag, München

53 Shiller, Robert J. (2015): Irrational Exuberance. 3rd Edition. Princeton University Press, Princeton

54 Kahneman, Daniel / Tversky, Amos (1979): Prospect Theory: An Analysis of Decision under Risk. In: Econometrica, Vol. 47 (March 1979), No. 2, S. 263–291.

55 Stiftung Warentest (2016): Anlageberatung: Nur 3 von 23 Banken beraten gut. Finanztest 2/2016, S. 32–36. Berlin. URL: https://www.test.de/Anlageberatung-Nur-3-von-23-Banken-beraten-gut-4964413-0/ (Abruf: 02.10.2025)

BEUC – The European Consumer Organisation (2018): The price of bad advice. Position Paper. Brüssel. URL: https://www.beuc.eu/position-papers/price-bad-advice (Abruf: 02.10.2025)

56 Festinger, Leon (1957): A Theory of Cognitive Dissonance. Stanford University Press, Stanford

57 Milgram, Stanley (1974): Obedience to Authority. Harper & Row, New York.

58 Kahneman, Daniel (2011): Schnelles Denken, langsames Denken. Siedler Verlag, München, S. 150

59 French, Kenneth R. / Poterba, James M. (1991): Investor Diversification and International Equity Markets. In: American Economic Review, 81(2), S. 222–226.

60 Huberman, Gur (2001): Familiarity Breeds Investment. In: Review of Financial Studies, 14(3), S. 659–680.

61 Deutsche Bundesbank (2019): Vermögen und Finanzen privater Haushalte in Deutschland: Ergebnisse der Vermögensbefragung 2017. Monatsbericht April 2019, S. 13–44. Frankfurt a. M. URL: https://www.bundesbank.de/resource/blob/794130/d523cb34074622e1b4cfa729f12a1276/mL/2019-04-vermoegensbefragung-data.pdf (Abruf: 02.10.2025)

62 Samuelson, William / Zeckhauser, Richard (1988): Status Quo Bias in Decision Making. In: Journal of Risk and Uncertainty, 1(1), S. 7–59

63 Thaler, Richard H. (1999): Mental Accounting Matters. In: Journal of Behavioral Decision Making, 12(3), S. 183–206. URL: https://people.bath.ac.uk/mnsrf/TeachingProzent202011/Thaler-99.pdf (Abruf: 02.10.2025)

64 Baumeister, Roy F. / Bratslavsky, Ellen / Finkenauer, Catrin / Vohs, Kathleen D. (2001): Bad is Stronger than Good. In: Review of General Psychology, 5(4), S. 323–370. URL: https://doi.org/10.1037/1089-2680.5.4.323 (Abruf: 02.10.2025)

65 Kahneman, Daniel / Tversky, Amos (1979): Prospect Theory: An Analysis of Decision under Risk. In: Econometrica, 47 (2), S. 263–291. URL: https://web.mit.edu/curhan/www/docs/Articles/15341_Readings/Behavioral_Decision_Theory/Kahneman_Tversky_1979_Prospect_theory.pdf (Abruf: 02.10.2025)

66 Nickerson, Raymond S. (1998): Confirmation Bias: A Ubiquitous Phenomenon in Many Guises. In: Review of General Psychology, 2(2), S. 175–220

67 Harmon-Jones, Eddie / Mills, Judson (Hrsg.) (1999): Cognitive Dissonance: Progress on a Pivotal Theory in Social Psychology. American Psychological Association, Washington, D.C.

68 Tversky, Amos / Kahneman, Daniel (1974): Judgment under Uncertainty: Heuristics and Biases. In: Science, 185 (4157), S. 1124–1131.

69 Süddeutsche Zeitung (2022): Aktien-Skandal: Der Mann, der die T-Aktie unters Volk brachte. München. URL: https://www.sueddeutsche.de/wirtschaft/

aktien-skandal-der-mann-der-die-t-aktie-unters-volk-brachte-1.3225696 (Abruf: 02.10.2025)

70 Handelsblatt Research Institute (2024): Factbook Aktie. Düsseldorf. URL: https://research.handelsblatt.com/wp-content/uploads/2024/10/Factbook-Aktie.pdf (Abruf: 02.10.2025)

71 Shiller, Robert J. (2015): Irrational Exuberance. 3rd Edition. Princeton University Press, Princeton

72 Samuelson, William / Zeckhauser, Richard (1988): Status Quo Bias in Decision Making. In: Journal of Risk and Uncertainty, 1 (1), S. 7–59

73 Verbraucherzentrale (2025): Lohnt sich ein Bausparvertrag? Online-Ratgeber der Verbraucherzentralen, Stand 10.11.2025. URL: https://www.verbraucherzentrale.de/wissen/geld-versicherungen/bau-und-immobilienfinanzierung/lohnt-sich-ein-bausparvertrag-7024 (Abruf: 02.10.2025)

74 Statistisches Bundesamt (Destatis) (2023, 2024): Inflationsrate im Jahr 2022 bei +7,9 Prozent; Inflationsrate im Jahr 2023 bei +5,9 Prozent. Pressemitteilungen Nr. 022 vom 17.01.2023 und Nr. 020 vom 16.01.2024. Wiesbaden. URL: https://www.destatis.de/DE/Presse/Pressemitteilungen/2024/01/PD24_020_611.html (Abruf: 02.10.2025)

75 Kool, Wouter / McGuire, Joseph T. / Rosen, Zev B. / Botvinick, Matthew M. (2010): Decision Making and the Avoidance of Cognitive Demand. In: Journal of Experimental Psychology: General, 139(4), S. 665–682.

76 Thaler, Richard H. (1999): Mental Accounting Matters. In: Journal of Behavioral Decision Making, 12 (3), S. 183–206

77 Rozin, Paul / Royzman, Edward B. (2001): Negativity Bias, Negativity Dominance, and Contagion. In: Personality and Social Psychology Review, 5(4), S. 296–320.

78 Europäische Union (2024): Feasibility study for a European asset registry in the context of the fight against money laundering and tax evasion. Publications Office of the European Union. URL: https://op.europa.eu/de/publication-detail/-/publication/0d82b09f-3ff9-11ef-865a-01aa75ed71a1 (Abruf: 02.10.2025)

79 Europäische Union (2024): Directive (EU) 2024/1260 of the European Parliament and of the Council of 24 April 2024 on asset recovery and confiscation. Brüssel. URL: https://eur-lex.europa.eu/legal-content/EN/TXT/?uri=CELEX:32024L1260 (Abruf: 02.10.2025)

80 Europäische Zentralbank (2020): Report on a digital euro. Frankfurt a. M. URL: https://www.ecb.europa.eu/euro/digital_euro/report/html/index.en.html (Abruf: 02.10.2025)

81 Europäische Kommission (2021): Proposal for a Regulation of the European Parliament and of the Council amending Regulation (EU) No 910/2014 as regards establishing a framework for a European Digital Identity (COM/2021/281 final). Brüssel. URL: https://eur-lex.europa.eu/legal-content/EN/TXT/?uri=CELEX:52021PC0281 (Abruf: 02.10.2025)

82 Europäische Kommission (2023): Proposal for a Regulation on the limitation of cash payments (COM(2023)0364 final). Brüssel. URL: https://eur-lex.europa.eu/legal-content/EN/TXT/?uri=CELEX:52023PC0364 (Abruf: 02.10.2025)

83 Eichengreen, Barry (2007): The European Economy since 1945. Coordinated Capitalism and Beyond. Princeton University Press, Princeton.

84 Deutsche Bundesbank (2018): Statistische Zeitreihen zur Geldwertstabilität in Deutschland 1876–2017. Frankfurt a. M. (Abruf: 02.10.2025)

85 Bresciani-Turroni, Constantino (1937/2003): The Economics of Inflation: A Study of Currency Depreciation in Post-War Germany. Routledge, London.

86 Federal Reserve History (2013): Nixon Ends Convertibility of U.S. Dollars to Gold and Announces Wage/Price Controls. Board of Governors of the Federal Reserve System, Washington, D.C. URL: https://www.federalreservehistory.org/essays/gold-convertibility-ends (Abruf: 02.10.2025)

87 MSCI Inc. (2025): MSCI World Index Factsheet – Country Weights (Stand: 30.09.2025). New York. URL: https://www.msci.com/www/fact-sheet/msci-world-index/05830501 (Abruf: 02.10.2025)

88 Reinhart, Carmen M. / Rogoff, Kenneth S. (2009): This Time is Different. Eight Centuries of Financial Folly. Princeton University Press.

Solnik, Bruno H. (1974): Why Not Diversify Internationally Instead of Domestically? In: Financial Analysts Journal, 30(4), S. 48–54.

89 Marija Anastasovska (2022): Currency Diversification Of Investments: Is It Worth It?, Economy & Business Journal, 16(1), 366–374.

90 Bundesministerium der Justiz (2024): Bürgerliches Gesetzbuch (BGB), §§ 488, 903; Kapitalanlagegesetzbuch (KAGB), §§ 91 ff. Sondervermögen. Gesetze im Internet. URL: https://www.gesetze-im-internet.de (Abruf: 02.10.2025).

91 OECD (2023): OECD/INFE 2023 International Survey of Adult Financial Literacy. Paris. URL: https://www.oecd.org/finance/financial-education/oecd-infe-2023-international-survey-of-adult-financial-literacy.pdf (Abruf: 02.10.2025)

92 BaFin (o. J.): Was macht die BaFin nicht? In: Bundesanstalt für Finanzdienstleistungsaufsicht. URL: https://www.bafin.de/DE/Verbraucher/BaFin-Verbraucherschutz/Grenzen/was_macht_die_bafin_nicht_node.html (Abruf: 02.10.2025)

93 Bundesrepublik Deutschland (2025): Vermögensanlagengesetz (VermAnlG), §§ 5, 12; Gesetz gegen den unlauteren Wettbewerb (UWG), § 5 Irreführende geschäftliche Handlungen. URL: https://www.gesetze-im-internet.de/vermanlg/; https://www.gesetze-im-internet.de/uwg_2004/ (Abruf: 02.10.2025).

94 ESMA (2021): Guidelines on Marketing Communications for Alternative Investments. Paris. URL: https://www.esma.europa.eu/sites/default/files/library/esma34-45-1272_guidelines_on_marketing_communications.pdf (Abruf: 02.10.2025)

95 § 1 Abs. 10, §§ 92, 99 Kapitalanlagegesetzbuch (KAGB); vgl. auch: Sondervermögen (Investmentgesellschaft), in: Wikipedia, URL: https://de.wikipedia.org/wiki/SondervermProzentC3ProzentB6gen_(Investmentgesellschaft) (Abruf: 02.10.2025). Zur praktischen Verwendung des Begriffs »Sondervermögen« bei Edelmetallen vgl. etwa: Metallkonto, in: Wikipedia, URL: https://de.wikipedia.org/wiki/Metallkonto (Abruf: 02.10.2025)

96 Goldpreis.de: Spotpreis Gold am 31.01.2025: 2.833 Euro/oz; historischer Preis 2001: 312 Euro/oz. URL: https://www.goldpreis.de (Abruf: 02.10.2025).

97 Statistisches Bundesamt (2024): Verbraucherpreisindex 2001–2024. Wiesbaden; eigene Berechnungen inflationsbereinigter Euro-Werte auf Basis der Jahresindizes. URL: https://www.destatis.de (Abruf: 02.10.2025)

98 Iyengar, Sheena S. / Lepper, Mark R. (2000): When Choice is Demotivating: Can One Desire Too Much of a Good Thing? Journal of Personality and Social Psychology, 79(6), 995–1006. URL: https://faculty.washington.edu/jdb/345/345Prozent20Articles/IyengarProzent20Prozent26Prozent20Lepper-Prozent20Prozent282000Prozent29.pdf (Abruf: 02.10.2025)

99 Shapiro, Ariel (2021): America's Biggest Owner Of Farmland Is Now Bill Gates. In: Forbes, 14.01.2021. URL: https://www.forbes.com/sites/arielshapiro/2021/01/14/americas-biggest-owner-of-farmland-is-now-bill-gates/ (Abruf: 02.10.2025)

100 Associated Press (2021): Zuckerberg buys more Hawaii land, including deadly dam. 27.12.2021. URL: https://apnews.com/article/business-hawaii-honolulu-mark-zuckerberg-d18385b9f598dcf594038820499a9299 (Abruf: 02.10.2025)

101 Berkshire Hathaway (2011): Shareholder Letter., Abschnitt zu Gold und Farmland. URL: https://www.berkshirehathaway.com/letters/2011ltr.pdf (Abruf: 02.10.2025)

102 FAO (2013): Trends and emerging investment patterns in primary agriculture. Food and Agriculture Organization of the United Nations, Rome. URL: https://www.fao.org/3/i3476e/i3476e.pdf (Abruf: 02.10.2025)

OECD (2010): Private Financial Sector Investment in Farmland and Agricultural Infrastructure. OECD Publishing, Paris. URL: https://www.oecd.org/

agriculture/private-financial-sector-investment-in-farmland-and-agricultural-infrastructure.pdf (Abruf: 02.10.2025)

103 MetLife Investment Management (2024): 2024 Outlook for Annual Crop Farmland Values. URL: https://investments.metlife.com/content/dam/metlifecom/us/investments/insights/research-topics/agricultural-finance/new-articles/2024-outlook-for-annual-crop-farmland-values/mim-2024-outlook-for-annual-crop-farmland-values-web.pdf (Abruf: 02.10.2025)

104 Preqin (2016): Preqin Special Report: Agriculture. September 2016, London. URL: https://docs.preqin.com/reports/Preqin-Special-Report-Agriculture-September-2016.pdf (Abruf: 02.10.2025)

105 Jackwerth Rechtsanwälte (2024): BGH: Ewiges Widerrufsrecht bei Teakbäumen. Bericht zum Urteil des Bundesgerichtshofs vom 15. Mai 2024 (Az. VIII ZR 226/22) zu Teakbaum-Investments in Costa Rica. URL: https://ra-jackwerth.de/bgh-ewiges-widerrufsrecht-bei-teakbaeumen/ (Abruf: 02.10.2025)

106 Al Souki, K. S. u. a. (2021): Enhanced Carbon Sequestration in Marginal Land Upon Shift towards Perennial C4 Miscanthus × giganteus: A Case Study in North-Western Czechia. Agronomy 11 (2): 293. URL: https://www.mdpi.com/2073-4395/11/2/293 (Abruf: 02.10.2025)

107 McCalmont, J. P. et al. (2017): Environmental costs and benefits of growing Miscanthus for bioenergy in the UK. GCB Bioenergy 9 (3), 489–507. URL: https://doi.org/10.1111/gcbb.12294 (Abruf: 02.10.2025).

108 Angaben zu Miscanthus-Einstreu und Hanfprodukten basieren auf den Herstellerinformationen von Miropell (https://miropell.de/de/) und Hanfleben (https://hanfleben.eu/de/) (Abruf: 02.10.2025)

109 Genossenschaftsdaten und Jahresberichte 2022 bis 2024 (HVG druzstvo Handels & Vertriebsgenossenschaft, Cheb).

110 IFRS Foundation (2023): IAS 41 Agriculture. URL: https://www.ifrs.org/issued-standards/list-of-standards/ias-41-agriculture/ (Abruf: 02.10.2025)

111 OECD/FAO (2024): OECD-FAO Agricultural Outlook 2024-2033. OECD Publishing, Paris / FAO, Rom. URL: https://doi.org/10.1787/4c5d2cfb-en (Abruf: 02.10.2025)

112 Eigene Modellrechnung auf Basis der von der HVG družstvo Handels- & Vertriebsgenossenschaft, Cheb, ausgewiesenen durchschnittlichen Ausschüttungswerte.

113 H'ng Paik San / Li Kun Long / Cheng Zheng Zhang et al. (2016): Anatomical Features, Fiber Morphological, Physical and Mechanical Properties of Three Years Old New Hybrid Paulownia: Green Paulownia. Research Journal of Forestry, 10(1), S. 30–35. URL: https://scialert.net/abstract/?doi=rjf.2016.30.35 (Abruf: 02.10.2025)

114 Jovanović, Ana (2023): Purchase and Sale of Agricultural Land in Croatia for Foreigners – Basic Legal Framework. Kanzlei Jovanović, Zagreb. URL: https://odvjetnik-jovanovic.hr/en/news/purchase-and-sale-of-agricultural-land-in-croatia-for-foreigners/ (Abruf: 02.10.2025)

115 Eurostat (2025): How expensive was agricultural land in 2023? Eurostat News, 28.01.2025. URL: https://ec.europa.eu/eurostat/web/products-eurostat-news/w/ddn-20250128-2 (Abruf: 02.10.2025)

116 Europäische Kommission (2022): Convergence Report reviews Member States' preparedness to join the euro area and paves the way for Croatia's euro adoption on 1 January 2023. URL: https://cyprus.representation.ec.europa.eu/news/convergence-report-reviews-member-states-preparedness-join-euro-area-and-paves-way-croatias-euro-2022-06-01_en (Abruf: 02.10.2025)

117 Divjak, Tomislav (2025): Real Estate Laws and Regulations in Croatia 2025. In: CEE Legal Matters – Real Estate Comparative Guide 2025. URL: https://ceelegalmatters.com/by-practice/10383-comparative-guides/real-estate-comparative-guide-2025/28920-real-estate-laws-and-regulations-in-croatia-2025 (Abruf: 02.10.2025)

118 Europäische Kommission (CAP Strategic Plan – Croatia): Croatia – CAP Strategic Plan. Brüssel. URL: https://agriculture.ec.europa.eu/cap-my-country/cap-strategic-plans/croatia_en (Abruf: 02.10.2025)

119 N1 / HINA (2022): Eurostat: Croatia had the EU's lowest prices of farming land in 2021. URL: https://n1info.hr/english/news/eurostat-croatia-had-the-eus-lowest-prices-of-farming-land-in-2021/ (Abruf: 02.10.2025)

120 World Bank (2025): Commodity Markets Outlook – October 2025. The World Bank Group, Washington, DC. URL: https://www.worldbank.org/en/research/commodity-markets (Abruf: 02.10.2025)

121 International Energy Agency (2024): Oil Market Report – May 2024. IEA Publishing, Paris. URL: https://www.iea.org/reports/oil-market-report-may-2024 (Abruf: 02.10.2025)

122 International Energy Agency (2024): Oil 2024 – Analysis and forecast to 2030. IEA Publishing, Paris. URL: https://www.iea.org/reports/oil-2024 (Abruf: 02.10.2025)

123 International Energy Agency (2024): Critical Minerals Market Review 2024. IEA Publishing, Paris. URL: https://www.iea.org/reports/critical-minerals-market-review-2024 (Abruf: 02.10.2025)

124 Süddeutsche Zeitung (2025): Klimaneutralität bis 2040 – was sich in Hamburg jetzt ändert. URL: https://www.sueddeutsche.de/wissen/volksentscheid-klimaneutral-bis-2040-was-sich-in-hamburg-jetzt-aendert-dpa.urn-newsml-dpa-com-20090101-251013-930-154835 (Abruf: 02.10.2025)

125 Statistikamt Nord (2025): Energiebilanz und CO_2-Bilanzen für Hamburg 2023. Erarbeitet im Auftrag der Behörde für Umwelt, Klima, Energie und Agrarwirtschaft (BUKEA) der Freien und Hansestadt Hamburg. Berechnungsstand: September 2025. Kiel/Hamburg, S. 18/19 (Verursacherbilanz, »Emissionen insgesamt«: 12.545 in 1.000 t CO_2). URL: https://www.statistik-nord.de/fileadmin/Dokumente/EB_CO2_HH_2023.pdf (Abruf: 02.10.2025)

126 Statistikamt Nord (o. J.): Energiebilanz und CO_2-Bilanzen für Hamburg 1990–2023. Verfügbar als Jahresdokumente unter: https://www.statistik-nord.de/zahlen-fakten/umwelt-energie/energie/dokumentenansicht/product/3381/energie-und-co2-bilanzen-fuer-hamburg-361?cHash=4201529a752424c94a05eb3c4ae751ea (Abruf: 02.10.2025)

127 Bundesnetzagentur (2025): Netzentwicklungsplan Strom 2037/2045 (Version 2025, 1. Entwurf). Ausweisung Hamburg (HH) in den Energiebilanzen je Bundesland / strukturelle Importabhängigkeit. URL: https://www.netzentwicklungsplan.de (Abruf: 02.10.2025)

128 Morgan Stanley (2023): Why »Real Assets« Offer Real Value to Investors. Online verfügbar unter: https://www.morganstanley.com/articles/real-assets-investing-guide-opportunities (Abruf: 02.10.2025)

CAIA Association (2024): Real Assets: Understanding Income Generation from Productive Resources. Amherst (Abruf: 02.10.2025)

129 Covenant Oil Group Corp. (2025): Projektbeschreibung »Clam Lake Field«, Texas. Unternehmensangaben, Houston, Stand 2025. (Abruf: 02.10.2025).

130 Covenant Oil Group Corp. (2025): Projektbeschreibung East Poplar Unit, Montana. Houston (Abruf: 02.10.2025)

131 U.S. Geological Survey (2014): Delineation of Brine Contamination in and near the East Poplar Oil Field, Fort Peck Indian Reservation, Northeastern Montana, 2004–09. Scientific Investigations Report 2014–5024. Reston, VA. URL: https://pubs.usgs.gov/sir/2014/5024/pdf/sir2014-5024.pdf (Abruf: 02.10.2025).

132 U.S. Department of Energy / National Energy Technology Laboratory (NETL) (2009): Modern Shale Gas Development in the United States: A Primer. DOE/NETL-2009/1472, April 2009. URL: https://www.energy.gov/sites/prod/files/2013/03/f0/ShaleGasPrimer_Online_4-2009.pdf (Abruf: 02.10.2025).

133 U.S. Environmental Protection Agency (EPA) (2016): Hydraulic Fracturing for Oil and Gas: Impacts from the Hydraulic Fracturing Water Cycle on Drinking Water Resources in the United States. EPA-600/R-16/236F, Dezember 2016. URL: https://www.epa.gov/hfstudy (Abruf: 02.10.2025)

134 U.S. Geological Survey (USGS) (2018): Groundwater Availability of the Williston Basin, United States and Canada. USGS Professional Paper 1841. URL: https://pubs.usgs.gov/publication/pp1841 (Abruf: 02.10.2025)

135 International Energy Agency (IEA) (2023): World Energy Investment 2023. IEA Publishing, Paris. URL: https://www.iea.org/reports/world-energy-investment-2023 (Abruf: 02.10.2025)

136 Europäische Kommission (2024): Critical Raw Materials. Generaldirektion Binnenmarkt, Industrie, Unternehmertum und KMU (DG GROW), Brüssel. URL: https://single-market-economy.ec.europa.eu/sectors/raw-materials/areas-specific-interest/critical-raw-materials_en (Abruf: 02.10.2025)

137 U.S. Geological Survey (USGS) (2025): What are Critical Minerals? Mineral Resources Program, Reston, Virginia. URL: https://www.usgs.gov/programs/mineral-resources-program/science/what-are-critical-minerals-0 (Abruf: 02.10.2025)

138 Zusammenstellung nach:

Europäische Kommission (2024): Critical Raw Materials. Generaldirektion Binnenmarkt, Industrie, Unternehmertum und KMU (DG GROW), Brüssel. URL: https://single-market-economy.ec.europa.eu/sectors/raw-materials/areas-specific-interest/critical-raw-materials_en (Abruf: 02.10.2025)

U.S. Geological Survey (USGS) (2024): Final List of Critical Minerals 2023. U.S. Department of the Interior, Washington D.C. URL: https://www.usgs.gov/news/national-news-release/usgs-updates-list-critical-minerals (Abruf: 02.10.2025)

139 Bundesanstalt für Geowissenschaften und Rohstoffe (BGR) (2023): Seltene Erden – Rohstoffe für Zukunftstechnologien. Hannover. URL: https://www.bgr.bund.de/DE/Themen/Min_rohstoffe/Downloads/seltene_erden.pdf?__blob=publicationFile&v=3 (Abruf: 02.10.2025)

140 Europäische Kommission (2023): Critical Raw Materials Act – Communication and Factsheet. Generaldirektion Binnenmarkt, Industrie, Unternehmertum und KMU (DG GROW), Brüssel. URL: https://single-market-economy.ec.europa.eu/publications/critical-raw-materials-act_en (Abruf: 02.10.2025)

141 U.S. Geological Survey (USGS) (2024): Mineral Commodity Summaries 2024. U.S. Department of the Interior, Washington D.C. URL: https://pubs.usgs.gov/periodicals/mcs2024/mcs2024.pdf (Abruf: 02.10.2025)

142 Mines Paris – PSL (2025): Lithium, graphite, nickel… Europe relaunches its industrial strategy for critical raw materials, from extraction to recycling. Blogbeitrag vom 5. September 2025. URL: https://www.minesparis.psl.eu/en/blog/actualites/lithium-graphite-nickel-europe-relaunches-its-industrial-strategy-for-critical-raw-materials-from-extraction-to-recycling/ (Abruf: 02.10.2025)

143 Europäische Union (2024): Verordnung (EU) 2024/1252 des Europäischen Parlaments und des Rates vom 11. April 2024 zur Schaffung eines Rahmens für die Gewährleistung einer sicheren und nachhaltigen Versorgung mit kriti-

schen Rohstoffen (Critical Raw Materials Act). Amtsblatt der Europäischen Union L 202, 3.5.2024, insbesondere Erwägungsgrund (11)–(12) und Artikel 4. URL: https://www.moa.gov.cy/moa/mines/minesSrv.nsf/All/672023367A78E085C2258C660030BFD0/$file/CRITICALProzent20RAWProzent20MATERIALSProzent20ACT.pdf (Abruf: 02.10.2025)

144 Angaben zur Preisentwicklung gemäß Unterlagen des Anbieters doobloo AG, basierend auf Marktdaten von Refinitiv, Finanzen.net und LBMA (2021–2024; Abruf: 02.10.2025).

145 Darstellung zur »Wertentwicklung verschiedener Anlageklassen YTD 2025« nach Unterlagen der doobloo AG (02.01.–30.09.2025), unter Bezugnahme auf Marktdaten von Refinitiv, Finanzen.net und LBMA (Abruf: 02.10.2025).

146 World Gold Council (2024): Gold as a strategic asset: 2024 edition. London. URL: https://www.gold.org/goldhub/research/relevance-of-gold-as-a-strategic-asset (Abruf: 02.10.2025)

147 Federal Reserve History (o.J.): The Gold Reserve Act of 1934. Washington, D.C. URL: https://www.federalreservehistory.org/essays/gold-reserve-act-of-1934 (Abruf: 02.10.2025)

148 World Gold Council (2024): Gold in technology. London. URL: https://www.gold.org/about-gold/gold-demand/by-sector (Abruf: 02.10.2025)

149 The Silver Institute (o. J.): Silver in Industry. Washington, D.C. URL: https://silverinstitute.org/silver-in-industry/ (Abruf: 02.10.2025)

150 World Platinum Investment Council (2024): Platinum and the Hydrogen Economy. London. URL: https://platinuminvestment.com/ (Abruf: 02.10.2025)

151 EM Global Service AG (2024): Wertentwicklung 2024 per 31.12.2024 – Edelmetall-Allokation (35 % Gold, 25 % Silber, 25 % Platin, 15 % Palladium) auf Basis der LBMA-Referenzpreise (Euro-Umrechnung). Triesen, Liechtenstein. (Abruf: 02.10.2025)

152 EM Global Service AG (2025): Wertentwicklung verschiedener Anlageklassen und Rohstoffe 02.01.2025–30.09.2025 (Euro-Basis), unter Bezugnahme auf Marktdaten von Refinitiv, Finanzen.net, LBMA und doobloo. (Abruf: 02.10.2025)

153 Massenbauer, Gerhard (2025): Vortrag »Gold, Silber, Platin – Fakten und Weitsicht«, Augeon Herbsttagung, Würzburg. Inhaltliche Zusammenfassung nach Veranstaltungsunterlagen und eigenen Notizen.

154 Liechtensteinisches Sachenrecht (SR) (1923, Stand 2025): §§ 1 ff., §§ 20 ff. (Begriff und Schutz des Eigentums an beweglichen Sachen). Liechtensteinisches Landesgesetzblatt Nr. 4/1923 (Abruf: 02.10.2025).

155 Verfassung des Fürstentums Liechtenstein (1921, Stand 2025): Art. 121 (Eigentumsschutz). Liechtensteinisches Landesgesetzblatt Nr. 15/1921 (Abruf: 02.10.2025)

156 Bundesamt für Zoll und Grenzsicherheit (BAZG) (2024): Informationen zu Zolllagern und der Mehrwertsteuerbefreiung beim Import. Bern. URL: https://www.bazg.admin.ch/ (Abruf: 02.10.2025)

157 Einkommensteuergesetz (EStG) (Deutschland) (Stand 2025): § 23 Abs. 1 Nr. 2 – Private Veräußerungsgeschäfte (Abruf: 02.10.2025)

158 London Bullion Market Association (LBMA) (2024): Good Delivery Rules and Vaulting Requirements. London. URL: https://www.lbma.org.uk/good-delivery (Abruf: 02.10.2025)

159 Boston Consulting Group / De Beers Group (2024): The Future of the Natural Diamond Industry. Boston / London. URL: https://web-assets.bcg.com/87/88/44ce24b646969ef49aa5a9c4b8b6/bcg-the-future-of-the-natural-diamond-industry-may.pdf (Abruf: 02.10.2025).

De Beers Group (2023): The Diamond Insight Report 2023. London. URL1: https://www.debeersgroup.com/~/media/Files/D/De-Beers-Group-V2/documents/reports/2023/DeBeers_DIR2023.pdf (Abruf: 02.10.2025). URL2: https://www.debeersgroup.com/~/media/Files/D/De-Beers-Group-V2/documents/reports/2023/DeBeers_Diamond_Insight_Report_2023_Dashboard.pdf (Abruf: 02.10.2025)

160 Gemological Institute of America (GIA) (o. J.): The 4Cs of Diamond Quality. Carlsbad, Kalifornien. URL: https://4cs.gia.edu/en-us/4cs-of-diamond-quality/ (Abruf: 02.10.2025)

161 Rapaport Group (o. J.): Rapaport Diamond Report – Weekly Price List. New York. Informationen unter: https://www.rapaport.com/ (Abruf: 02.10.2025)

162 Gemological Institute of America (GIA) (o. J.): Report Check – GIA Grading Report Verification. Carlsbad, Kalifornien. URL: https://www.gia.edu/report-check-landing (Abruf: 02.10.2025).

163 Boston Consulting Group / De Beers Group (2024): The Future of the Natural Diamond Industry. Boston / London. URL: https://web-assets.bcg.com/87/88/44ce24b646969ef49aa5a9c4b8b6/bcg-the-future-of-the-natural-diamond-industry-may.pdf (Abruf: 02.10.2025).

164 Bundesamt für Zoll und Grenzsicherheit (BAZG) (2024): Freilager – Informationen zur Mehrwertsteuerbefreiung beim Import. Bern. URL: https://www.bazg.admin.ch/ (Abruf: 02.10.2025).